Beiträge zur Beurtheilung

des

Entwurfs eines bürgerlichen Gesetzbuches

für das Deutsche Reich.

Von

Paul Stolterfoth,

Reichsgerichtsrath.

Leipzig,

Verlag von Veit & Comp.

1890.

Motto:

Immer strebe zum Ganzen, und kannst Du selber kein Ganzes
Werden, als dienendes Glied schließ an ein Ganzes Dich an.
Selbst erfinden ist schön; doch glücklich von andern Gefund'nes
Fröhlich erkannt und geschätzt, nennst Du das weniger Dein?

Goethe: Vier Jahreszeiten.

Druck von Metzger & Wittig in Leipzig.

Vorwort.

Zur Ausarbeitung der folgenden Erörterungen über den Entwurf eines Bürgerlichen Gesetzbuchs für das Deutsche Reich stand nur ein Theil der diesjährigen Gerichtsferien zur Verfügung. Die Kürze der Zeit, welche auf die Arbeit verwendet werden konnte, wird die Mängel derselben in milderem Licht erscheinen lassen.

Die lose aneinander gereihten Bemerkungen erheben keinen Anspruch auf wissenschaftliche Bedeutung. Falls sie dazu beitragen, dem Gedanken Anhänger zu gewinnen, daß die Herstellung der deutschen Rechtseinheit auf der Grundlage des vorliegenden Entwurfs ohne Zeitverlust in Angriff zu nehmen sei, so ist der Zweck der Arbeit erreicht.

Leipzig, im Spätherbst 1889.

Der Verfasser.

Inhalt.

I.

Einleitung.

Dem Juristenstande wird das Anerkenntniß nicht versagt werden, daß er die Erwartungen, welche bezüglich seiner Mitwirkung an dem Gesetzgebungswerk, ein einheitliches deutsches Civilrecht zu schaffen, gehegt werden konnten, in reichem Maße erfüllt hat. Der Entwurf hat eine große Anzahl von Begutachtungen seitens der Richter, Rechtsanwälte und Rechtslehrer hervorgerufen. Zweck dieser Arbeit ist nicht eine Kritik der erstatteten Gutachten, wohl aber scheinen in Ansehung derselben einige kurze Bemerkungen, und namentlich scheint die Erörterung angezeigt, ob nicht die Besprechungen der Gutachten in der Tagespresse die Ergebnisse derselben in einem für den Entwurf ungünstigeren Lichte dargestellt haben, als es nach dem ganzen Zusammenhange gerechtfertigt ist.

Mehrfach ist ausgesprochen, daß die Praktiker, Richter und namentlich Anwälte dem Entwurf vorherrschend günstig gestimmt seien, während die Urtheile der Theoretiker weit abfälliger lauteten. Derartige Aufstellungen mahnen zur Vorsicht, schon weil es nicht ersichtlich ist, was für die vorliegende Frage die Unterscheidung zwischen Praktikern und Theoretikern bedeuten soll. Gewiß ist die Ausübung der Berufsthätigkeit eine andere, wenn es sich um unmittelbare Mitwirkung bei der Rechtsprechung und wenn es sich um die Lehre der Rechtswissenschaft handelt. Bei der Beurtheilung eines Gesetzentwurfs aber ist die Erwägung praktischer und theoretischer Gesichtspunkte in gleicher Weise nothwendig. Deshalb haben auch, soweit erforderlich, einerseits Richter und Anwälte ihre Ansichten rein wissenschaftlich und andrerseits Rechtslehrer ihre Anschauungen durch Hinweis auf die Erfordernisse des Lebens begründet. Eine mehr äußerlich verschiedenartige Färbung der erstatteten Gutachten tritt hauptsächlich dadurch hervor, daß bald die Frage der Brauchbarkeit, bald die Frage der wissenschaftlichen Begründung des zukünftigen Gesetzbuchs als Ausgangspunkt für die Erörterungen genommen ist. Energisch aufgestellte und vertheidigte Bedenken in letzterer Beziehung machen leicht den Eindruck, daß eine völlige Verwerfung des Entwurfs oder einzelner Theile desselben befürwortet wird, während Beanstandungen gegen die Brauchbarkeit meistentheils mit dem Hinweis auf die naheliegende Möglichkeit der Verbesserung verbunden sind. Hierbei wird die Bemerkung gestattet sein, daß es überhaupt ohne Werth sein dürfte, in die Erörterung der Frage einzutreten, ob von allgemeinen Gesichtspunkten aus den Vorschlägen der Theoretiker oder den Vorschlägen der Praktiker ein größeres Gewicht beizulegen sei. Im einzelnen Fall wird der Gesetzgeber bei der Auswahl unter widersprechenden Vorschlägen zweifellos auch darauf Rücksicht nehmen, von welcher Seite dieselben ausgehen, und dabei der weit verbreiteten Ansicht, daß bezüglich der Anwendbarkeit gesetzlicher Bestimmungen das Urtheil der Praxis vorwiegend maßgebend sein müsse, die ihr gebührende Beachtung nicht versagen.

Die rückhaltloseste Anerkennung ist dem ganzen Entwurf gerade seitens eines Rechtslehrers zu Theil geworden durch den Ausspruch: „Der Entwurf eines bürgerlichen Gesetzbuchs für das Deutsche Reich ist die reifste Frucht, welche die Blüthe unserer heutigen deutschen Rechtswissenschaft gezeitigt hat.“ Andere sind bei Besprechungen einzelner Theile zu gleich günstigen Urtheilen gelangt; als Beispiele mögen die Bemerkungen angeführt werden: „Die Lehre vom Kauf ist kurz und auf deutschrechtlicher Grundlage zutreffend behandelt.“ Ferner: „Die gesetzliche Regelung der Anweisung ist eine vorzügliche.“

Des Weitern kann nicht unbeachtet bleiben, daß die Rechtslehrer ihren Gutachten, auch falls dieselben den Entwurf in zahlreichen Punkten und mit gewichtigen Gründen bekämpfen, doch fast durchweg Bemerkungen eingeflochten haben, nach welchen die Herstellung des Gesetzbuchs auf den Grundlagen des Entwurfs theilweise als durchaus wünschenswerth, theilweise, trotz mancher Bedenken und mit einigem Widerstreben, immerhin als rathsam erachtet wird. Die gleiche Anschauung tritt auch in den anscheinend abfälligen Begutachtungen der Praktiker zu Tage, wofür nur ein schlagendes Beispiel angeführt werden soll. Ein leider zu früh dahin geschiedener rheinischer Anwalt hat den Entwurf unter ausdrücklicher Betonung des katholischen Standpunktes erörtert und mit dem Ausspruch „gänzlich verfehlt ist das Eherecht" als unannehmbar bezeichnet. Dieser Ausspruch ist weiter verbreitet, dagegen nicht erwähnt, daß in derselben Arbeit auch die Sätze vorkommen: „Eine bedeutende Leistung ist die Ordnung des ehelichen Güterrechts," und: „Der Entwurf ist im Großen und Ganzen geeignet, der Berathung und Beschlußfassung behufs der Einführung eines gemeinen deutschen Rechts zu Grunde gelegt zu werden."

Hiernach scheint es gerechtfertigt, der Vorbemerkung, mit welcher die Herausgabe einer Reihe theils von Praktikern, theils von Theoretikern herrührender Gutachten eingeleitet ist:

> „Die mannigfachen Einzelausstellungen und Bedenken sind vollkommen mit der Anerkennung des Entwurfs als Gesammtleistung vereinbar,"

einen über die veranstaltete Sammlung weit hinausgehende Bedeutung beizumessen.

Eine Betrachtung derjenigen Einwendungen, welche anscheinend gegen die Annehmbarkeit des Entwurfs als Grundlage des zukünftigen Gesetzbuchs gerichtet sind, wird das bestätigen. Die Erörterung soll in der Ordnung erfolgen, daß zunächst die mehr formellen und sodann die gegen den Inhalt des Entwurfs gerichteten Beanstandungen besprochen werden.

II.

Die äußere Form.

Sprache. Verweisungen. Satzbildung.

Wenn in der ersten Zeit nach der Veröffentlichung des Entwurfs mit Rücksicht auf die Sprache und die ganze Anlage desselben eine fast allgemeine Enttäuschung zu Tage getreten ist, so sind seitdem auch andere Urtheile laut geworden. Ein Rechtslehrer hebt bei Besprechung des Entwurfs „seine sorgsam überlegte, größtentheils klare und präcise Fassung" hervor. Ein anderer sagt bezüglich der Regelung der Schuldverhältnisse: „Das im Entwurf beobachtete Verfahren wird dem Rechtsverkehr, der Praxis und der Wissenschaft die nothwendige Freiheit der Bewegung gewähren.“ Von Rechtsanwälten rühren die Aussprüche her: „Der Sprache des Entwurfs vermag ich die hervorragendsten Eigenschaften jeder Willensäußerung und insbesondere der Gesetzgebung: Klarheit und Verständlichkeit, nicht abzusprechen,“ und: „Die Sprache des Entwurfs ist durchweg diejenige der Kürze, der Klarheit, der Folgerichtigkeit.“ Ein Rechtsanwalt aus dem Gebiete des rheinischen Rechts, der doch durch die allseitig als musterhaft gerühmte Sprache des Code Napoléon an hohe Ansprüche gewöhnt sein muß, giebt der Anschauung Ausdruck: Das Recht der Schuldverhältnisse des Entwurfs ist gegenüber dem französischen Recht „durch seine logische Ordnung des Stoffs, Kürze und Präcision des Ausdrucks ein hochwillkommener Fortschritt.“

Andrerseits sind allerdings die erhobenen Einwendungen in voller Schärfe aufrecht erhalten. Vorwürfe sind zunächst deshalb erhoben, weil die Verfasser neue technische Ausdrücke aufgestellt und die Grundlagen der geltenden Rechtssysteme in neue juristische Konstruktionen vereinigt haben. Insoweit hierbei etwa sachlich erhebliche Fehlgriffe vorgekommen sein mögen, werden dieselben bei der weitern Behandlung des Werkes zu beseitigen sein und sich auch beseitigen lassen. An sich erscheint die Beibehaltung des beobachteten Verfahrens schon deshalb nicht zu verwerfen, weil es zwingt, sich mit den vorgeschlagenen Bestimmungen vertraut zu machen, und insofern geeignet ist, dem Zurückgehen auf das frühere Recht entgegen zu wirken. Außerdem läßt sich doch auch nicht verkennen, daß die Wahl technischer Ausdrücke der Gesetzessprache eine große Präcision giebt und bei sehr vielen Bestimmungen die Abstandnahme von Umschreibungen und Erläuterungen ermöglicht, wodurch die wünschenswerthe Kürze, ohne Beeinträchtigung der Klarheit, erreicht wird.

Sehr scharfe Vorwürfe sind ferner gegen den Entwurf gerichtet, weil er theilweise in unübersehbar langen Paragraphen endlose in einander geschachtelte Sätze aufgestellt habe, welchen durch häufige Verweisungen auf andere, bald unveränderte, bald entsprechend anzuwendende Bestimmungen und namentlich durch Vorverweisungen auf Vorschriften, welche erst später folgen, jeder Uebersichtlichkeit genommen sei.

Das Verfahren des Entwurfs bezüglich der Verweisungen ist sogar bezeichnet worden als „eine redaktionelle Eigenthümlichkeit, für welche es in der Gesetzgebung aller Zeiten an einem Vorbilde fehlt." Diese Bemerkung mag dem Wortlaute nach vielleicht richtig sein, kann aber sachlich als zutreffend nicht anerkannt werden.

In dem ersten Theil des Preußischen Allgemeinen Landrechts finden sich in den 100 ersten Paragraphen des fünften Titels, welcher von den Verträgen handelt, und in den 100 ersten Paragraphen des zwölften Titels, welcher von letztwilligen Verfügungen handelt, je sieben Mal Verweisungen auf später folgende Bestimmungen, und zwar theils auf Vorschriften desselben Titels, theils auf solche, die in späteren Titeln, namentlich erst im zweiten Theil des Gesetzbuches enthalten sind, wobei mehrfach auf ganze Titel und auf größere Abschnitte von Titeln Bezug genommen wird. Der stilistische Unterschied besteht allerdings, daß die Verfasser des Landrechts die Verweisungen durch Einschließung in Parenthesen von dem Text des Gesetzes gesondert haben, während in dem Entwurfe die Verweisungen in den Text der Paragraphen aufgenommen sind. Auch der Code hat bezüglich der Verweisungen sachlich wohl ein ähnliches Verfahren beobachtet wie der Entwurf. In den ersten 1000 Artikeln des bezeichneten Gesetzbuches finden sich beispielsweise folgende Verweisungen:

1) Diejenigen, welche eine Ehe mit einander eingehen wollen, sollen nach Art. 75 durch Verlesung der Art. 212—226 über ihre gegenseitigen Rechte und Pflichten in der Ehe belehrt werden.

2) Bei der Einleitung einer Ehescheidung auf Grund gegenseitiger Einwilligung schreibt Art. 282 eine Belehrung über die Folgen eines solchen Schrittes durch Verlesung der Art. 295 bis 305 vor.

3) Die rechtliche Stellung anerkannter unehelicher Kinder soll man nach Art. 338 aus den über das Erbrecht derselben handelnden Art. 756—766 ersehen. Hier wird man durch Art. 760 veranlaßt, aus den Art. 843—869 zu entnehmen, inwieweit die unehelichen Kinder dasjenige, was ihnen schon bei Lebzeiten der Eltern zugewandt ist, auf ihren Erbtheil sich müssen anrechnen lassen.

Außerdem findet man in Art. 908 noch beiläufig die hartherzigste Bestimmung des Code, daß den unehelichen Kindern auch durch Schenkungen oder Testament nicht mehr zugewendet werden darf, als ihnen nach dem Gesetz gebührt.

4) Die den Gegenvormund betreffenden Vorschriften hat man nach Art. 426 in den Art. 427—449 zu suchen.

5) Inwieweit der Eigenthümer in seiner Befugniß, auf seinem Grund und Boden zu bauen und zu pflanzen, beschränkt ist, erfährt man nach der Verweisung des Art. 532 durch die Art. 637—710, welche von den Servituten handeln.

6) Bezüglich der Rechte des Nießbrauchers zum Abschluß von Mieths- und Pachtverträgen sollen nach Art. 595 die Art. 1421 bis 1440, welche die Verwaltung des gütergemeinschaftlichen Vermögens regeln, eingesehen werden, wobei man zu der Erkenntniß gelangt, daß nur die Art. 1429 und 1430 in Wirklichkeit anwendbar sind.

7) Ueber die sehr verwickelte Frage, welches Verhältniß zwischen Eigenthümer und Nießbraucher in Ansehung etwa bestehender Hypotheken obwaltet, verweist der vom Nießbrauch handelnde Art. 611 auf Art. 1020, welcher sich unter den Vorschriften über testamentarische Verfügungen befindet.

8) Auf das in den Art. 750—755 abgehandelte Erbrecht der Seitenverwandten wird bereits in den Art. 748 und 749 verwiesen.

9) Die Vorschrift des Art. 897 nimmt von dem allgemeinen Verbote der erbrechtlichen Substitutionen diejenigen Verfügungen naher Verwandter aus, welche nach Art. 1048—1074 erlaubt sind; hier erhält man aber die gesuchte Belehrung nicht ganz, sondern wird veranlaßt, zwei weitere Abschnitte nachzuschlagen.

10) Inwieweit Personen unter 16 Jahren Verfügungen von Todeswegen treffen können, soll nach der Anweisung des Art. 933 aus den über Eheverträge handelnden Art. 1091—1100 ersehen werden.

11) In ähnlicher Weise macht Art. 947 darauf aufmerksam, daß Schenkungen, welche der Regel nach unerlaubt sind, in Eheverträgen nach Maßgabe der Bestimmungen der Art. 1081—1100 errichtet werden können.

Allerdings hat der Code bei den Verweisungen vielfach die

Ziffern der in Bezug genommenen Artikel nicht angegeben, auch braucht er keine Ausdrücke, welche man füglich mit „entsprechende Anwendung" übersetzen könnte. Hierin werden aber sachliche Vorzüge nicht erblickt werden können. Indem die Verweisung auf die in der Gesammtzahl von 35 vorhandenen Titel, mitunter ohne Angabe des Buches, und auf die Kapitel und Sektionen als Unterabtheilungen der Bücher lautet, bedarf es einer sehr eingehenden Kenntniß des ganzen Gesetzbuches, um die in Bezug genommenen Bestimmungen ohne Zuhilfenahme des Registers finden zu können. Ferner läßt die obige Zusammenstellung, trotz ihrer nur andeutungsweisen Fassung, wohl auch für jeden Nichtjuristen klar erkennen, daß einzelne der in Bezug genommenen Vorschriften einfach ihrem Wortlaute nach angewendet werden sollen und können, andere dagegen nur „soweit sie passen", was doch wohl mit „entsprechend" ziemlich gleichbedeutend sein wird. Wenn man z. B. erwägt, daß der Vormund und der Gegenvormund (Nr. 4), ferner der Ehemann als Herr der Gemeinschaft und der Nießbraucher (Nr. 6) rechtlich ganz verschiedene Stellungen haben, so ergiebt sich von selbst, daß die Anwendung der für den Einen erlassenen Bestimmungen auf den Andern nur unter steter Berücksichtigung dieser Verschiedenheit richtig erfolgen kann, und das bedingte doch wohl eine „entsprechende" Anwendung, auch wenn das Gesetz diesen Ausdruck vermeidet. Wenn man schließlich erwägt, daß nicht selten auf eine ganze Reihe von Artikeln (Titel, Kapitel, Sektionen) verwiesen wird, während in Wirklichkeit nur die Anwendbarkeit eines oder einiger derselben begründet ist, so ergiebt sich, daß das Verfahren des Code in dieser Beziehung die Aufwendung großer Mühe und eingehenden Studiums erforderlich macht, um zu dem richtigen Verständniß zu gelangen, während dem gegenüber nur der Vorzug ersichtlich wird, daß das Gesetzbuch sich glatt lesen läßt.

Falls hierauf ein entscheidendes Gewicht gelegt werden sollte, so würden sich die gegen den Entwurf aus den Verweisungen auf andere Stellen hergeleiteten Einwände wohl beseitigen lassen. Der Versuch, eine Textausgabe des Entwurfs, unter Beifügung der Parallelstellen und geeigneter kurzer Verweisungen unter jedem Paragraphen, herzustellen, ist bereits gemacht worden und, soweit sich übersehen läßt, günstig ausgefallen. An sich würde es ausführbar sein, die in den einzelnen Paragraphen enthaltenen ziffermäßigen Verweisungen daraus zu entfernen und unter denselben anzubringen. Der Text des Gesetzes würde dadurch leichter lesbar werden. Allerdings könnte dieser Vortheil nur dadurch erkauft werden, daß diejenigen, welche das Gesetz anzuwenden haben, an Stelle authentischer Verweisungen des Gesetzgebers selbst nur Fingerzeige des Herausgebers, dessen Zuverlässigkeit nicht bekannt ist, finden würden.

Der Wunsch nach einer Fassungsänderung in der Weise, daß nicht nur die übermäßig langen Paragraphen, sondern auch manche sehr lange Sätze getheilt und eingeschobene Zwischensätze ausgesondert und zum Gegenstand selbstständiger Ergänzungs- oder Abänderungsbestimmungen gemacht werden, dürfte in jedem Leser des Entwurfs aufgestiegen sein. Diesem Wunsch wird daher schon mit Rücksicht auf seine allgemeine Verbreitung, soweit thunlich, Rechnung zu tragen sein. Dabei darf aber die sachliche Bedeutung desjenigen, was als erwünscht bezeichnet wird, nicht verkannt und überschätzt werden. Darüber herrscht wohl beinahe Einstimmigkeit, daß die Sätze des Entwurfs das, was sie sagen wollen, auch scharf und präcis zum Ausdruck bringen, die gegen die Klarheit und Verständlichkeit mit Bezug auf die Satzbildung erhobenen Vorwürfe haben nur den Inhalt, daß mehrfach eine unverhältnißmäßig große Mühe aufgewendet werden müsse, um zu dem richtigen Verständniß zu gelangen. Sofern man hieran festhält, wird man auch zugeben müssen, daß vorhergehende Umänderung der Satzbildung nicht als unbedingtes Erforderniß für die weitere Behandlung des Entwurfs aufgestellt werden kann. Alsdann werden aber dringende Gründe dafür sprechen, von einer derartigen zeitraubenden Vorarbeit Abstand zu nehmen; denn jede Aenderung des sachlichen Inhalts der von dem Entwurf vorgeschlagenen Bestimmung, die ja nirgends ausgeschlossen ist, müßte auch eine erneute Umarbeitung der Sätze, durch welche die anderweite Vorschrift zum Ausdruck gebracht werden soll, unbedingt zur Folge haben. Eine in dem gegenwärtigen Stadium unternommene Umbildung der Sätze könnte sich daher leicht als völlig nutz- und fruchtlose Aufwendung bedeutender Arbeitskraft darstellen. Erst dann, wenn feststeht, welchen Inhalt die Bestimmungen des zukünftigen

Gesetzbuches haben sollen, kann die Umarbeitung der Fassung mit Aussicht auf Erfolg unternommen werden, und alsdann wird sie auch in den Grenzen der berechtigten Wünsche wohl ausführbar sein.

Es wird gestattet sein, an dieser Stelle kurz hervorzuheben, daß die Verfasser des Entwurfs bei ihrem Verfahren offenbar von der sehr anerkennenswerthen Rücksicht geleitet worden sind, ihren Gedankengang und die von ihnen als richtig erkannte systematische Gliederung nach Möglichkeit vor Augen zu führen und klar zu stellen. Der Gewinn, der sich daraus für die richtige Beurtheilung der Vorschläge des Entwurfs ziehen läßt, ist auch keineswegs zu unterschätzen. Sobald aber auf der Grundlage des Entwurfs eine maßgebende Entscheidung über den Inhalt der in das Gesetzbuch aufzunehmenden Bestimmungen getroffen sein wird, fallen Rücksichten, wie die vorher angedeuteten, fort, und es kann nichts im Wege stehen, bei der endgültigen Gestaltung des Gesetzbuchs diejenigen Anforderungen, welche im Hinblick auf Handlichkeit und Leichtigkeit der Anwendung zu stellen sind, in weitgehendem Maße Rechnung zu tragen. Das kann aber nur Aufgabe der Schlußredaktion des fertig zu stellenden Gesetzbuchs sein.

III.

Die Vorwürfe gegen Fassung und Anlage.

1. Allgemeines.

Die gegen den Entwurf wegen seiner doktrinären Fassung und Anlage erhobenen Vorwürfe sind soweit gesteigert, daß derselbe als „ein in Gesetzesparagraphen gegossenes Pandektenkompendium" bezeichnet worden ist. Daß der Entwurf einen wesentlich andern und weit mehr doktrinären Eindruck macht als die großen Kodifikationen, an deren Stelle das zukünftige Gesetzbuch treten soll, kann nicht bestritten werden, erscheint aber auch erklärlich und nicht unberechtigt.

Ueber die bei der Ausarbeitung des Entwurfs leitend gewesene Grundanschauung hat ein Rechtslehrer seine Auffassung dahin ausgesprochen: „Den Verfassern des Entwurfs hat das Ideal vorgeschwebt, ein Gesetzbuch zu schaffen, das innerhalb der von ihm behandelten Rechtsgebiete vollständig und durchaus genau sei, ohne in Kasuistik zu verfallen, das die Ausfüllung der trotzdem unvermeidlichen Lücken durch Aufstellung von Principien und scharfe allgemeine Begriffe in feste Bahnen lenke, das die Ergebnisse einer mehrhundertjährigen Wissenschaft zusammenfassend und verwerthend die erkannten Schwierigkeiten selbst löse und die Kontroversen beseitige." Um sich einem derartigen Ideal nach Möglichkeit zu nähern, wird man sich ein gewisses Maß doktrinärer Fassung gefallen lassen müssen. Gerade dadurch, daß frühere Kodifikationen das vermieden, haben sie sich von der Erreichung des Ideals entfernt. Weder das Preußische Landrecht noch der Code haben bei ihrer mehr populären und lebensvoll ansprechenden Fassung Vollständigkeit innerhalb der von ihnen behandelten Rechtsgebiete zu erreichen vermocht, denn unter der Herrschaft beider Gesetzbücher ist zur Entscheidung von Streitigkeiten im heutigen Rechtsverkehr nicht selten ein Zurückgehen auf unmittelbare Anwendung des Römischen Rechts nothwendig. Das ist aus den veröffentlichten Entscheidungen der höchsten Gerichtshöfe ersichtlich. In welchem Umfange ein solches Zurückgehen auf Römisches Recht im Geltungsbereich des Preußischen Landrechts nothwendig werden kann, wird aus folgenden, der Darstellung des Preußischen Privatrechts von Förster-Eccius entnommenen Sätzen erhellen. Dort heißt es z. B.: „Bezüglich der Ungültigkeit (Nichtigkeit) der Rechtsgeschäfte ist es, beim Mangel einer landrechtlichen Theorie, besonders nützlich auf die Theorie des gemeinen Rechts zurückzugehen." Ferner: „Dem Allgemeinen Landrecht ist der allgemeine Begriff der Dienstbarkeit fremd" und daran anschließend: „Aus dem Begriff der Servitut entwickelt die gemeinrechtliche Theorie theils für alle, theils für die einzelnen Arten folgende, auch für das Preußische Recht erhebliche allgemeinen Grundsätze." Weiterhin bezüglich des Instituts der Erbrechtsklage: „Ganz leer ist jedoch das Blatt nicht, freilich bedarf das Wenige, was das Gesetzbuch bietet, der weitern wissenschaftlichen Entwickelung, und diese kann doch nur an der Hand des gemeinen Rechts gewonnen werden." Danach wird es Jedermann klar sein, daß die Lehrbücher des Preußischen Rechts lediglich zufolge eines zwingenden Gebots der Nothwendigkeit eine große Fülle von Citaten aus dem

Corpus Juris enthalten. Erwähnt mag auch werden, daß selbst das Oberverwaltungsgericht in Berlin sich genöthigt gesehen hat, die Entscheidung in Fragen, auf welche das Preußische Landrecht Anwendung findet, unmittelbar auf Stellen des Corpus Juris zu stützen.

Der Code, welcher sich der Aufstellung von Theorien fast überall enthält, macht in noch weit größerem Maße ein Zurückgehen auf Römisches Recht nothwendig, da seine Bestimmungen die allgemeinen römischen Grundsätze als Unterlage voraussetzen. Deshalb findet man in den in Frankreich gebräuchlichen Handausgaben des Code fast auf jeder Seite, selbst da, wo die aus dem deutschen Recht übernommene eheliche Gütergemeinschaft abgehandelt wird, Stellen aus dem Corpus Juris citirt.

Wenn die Doktrin anderwärts gesucht werden muß, so bedarf es keiner doktrinären Fassung des Gesetzes. Die Vollständigkeit eines Gesetzbuchs auch nach der Richtung hin, daß die wissenschaftlichen Grundlagen, auf welchem es beruht, aus ihm selbst erkannt werden können, bietet aber derartige Vortheile, daß dadurch die Unbequemlichkeit einer doktrinären Fassung mehr als ausgeglichen wird.

Wenn eine Kodifikation die Doktrin, auf der sie beruht, nicht oder nicht genügend ersehen läßt, so müssen die Wissenschaft und die Rechtsprechung in den vorkommenden Einzelfällen die Ergänzung vornehmen. Dadurch erklärt es sich häufig, daß den gleichen Bestimmungen zu verschiedenen Zeiten ein abweichender Sinn beigelegt ist, weshalb man in wissenschaftlichen Darstellungen geltender Kodifikationen nicht selten Wendungen, wie: „nach langem Schwanken hat sich die Rechtsprechung dahin festgestellt“ oder ähnliche findet. Dabei ist wohl zu beachten, daß eine solche Feststellung niemals eine endgültige ist, denn sobald die Unrichtigkeit einer Auffassung dargethan ist, muß sie der richtigen weichen. Die aus einer solchen Unsicherheit zu befürchtenden schädlichen Folgen werden allerdings gemildert, wenn Ein höchster Gerichtshof mit maßgebendem Ansehen wirksam das Festhalten an der getroffenen Feststellung überwacht. Auch dadurch wird aber eine Gewähr für die Richtigkeit dieser Feststellung nicht geboten. Das zeigt sich, wenn verschiedene höchste Gerichtshöfe das entscheidende letzte Wort zu sprechen haben.

Aus den Bestimmungen des Code sind in seinem Heimathlande Frankreich und in den deutschen Gebieten, in welchen er Geltung erlangt hat, in wichtigen Punkten abweichende Grundanschauungen als maßgebend festgestellt und demgemäß auch in der Rechtsprechung abweichende Schlußfolgerungen daraus gezogen. Ueber seine Auffassung des Miteigenthums an Sachen enthält der Code keinen ausdrücklichen Ausspruch, dieselbe muß daher im Wege der Auslegung gefunden werden. Dabei wird übereinstimmend von der Vorschrift ausgegangen, welche einer vollzogenen Erbtheilung die Wirkung beilegt, daß es so angesehen werden solle, als hätten die Theilnehmer die ihnen zugefallenen unbeweglichen Sachen, welche hier allein in Betracht kommen, unmittelbar von dem Erblasser überkommen und an den übrigen Sachen niemals irgend welche Rechte gehabt. Weiter herrscht Uebereinstimmung darin, daß die Vorschrift in ihrer Anwendung nicht auf Erbtheilungen beschränkt, sondern für die Gemeinschaftsverhältnisse aller Art von Bedeutung ist. Sodann aber tritt die Abweichung hervor, daß einerseits die Möglichkeit eines Miteigenthums nach Bruchtheilen, wobei jeder Mitberechtigte über seinen Antheil verfügen kann, als ausgeschlossen erachtet, andrerseits aber eine solche Möglichkeit anerkannt wird. Je nachdem die eine oder die andere Auffassung maßgebend ist, gestaltet sich die Beurtheilung der Wirksamkeit der von den einzelnen Mitberechtigten während des Zustandes der Ungetheiltheit an einem Grundstück dritten Personen eingeräumten Rechte verschieden. Auch über die Frage herrscht keine Uebereinstimmung, inwieweit die zum Zweck der Auseinandersetzung bewirkte Veräußerung eines Grundstücks an einen Dritten als „Theilung" im Sinne des Gesetzes zu erachten sei, oder nicht. Die Entscheidung über Rechtsbeständigkeit oder Hinfälligkeit hypothekarischer Einschreibungen, welche gegen einen Mitberechtigten verwirkt sind, hängt aber davon ab, welche Grundanschauungen als die für die Bestimmungen des Code maßgebenden Unterlagen erkannt werden.

Fenster nach dem Nachbargrundstücke zu darf man, den Bestimmungen des Code zufolge, nur in bestimmter Entfernung und in bestimmter Beschaffenheit anlegen. Diese Vorschriften können dahin aufgefaßt werden, daß jedem Grundstücke zu Gunsten de Nachbarn die gesetzliche Servitut auferlegt ist, vorschriftswidrige

Fenster nicht anzulegen, oder auch dahin, daß sie eine gesetzliche Beschränkung des Eigenthums enthalten, um das Zusammenwohnen der Menschen zweckentsprechend zu regeln. Welche Auffassung den Bestimmungen des Gesetzes zu Grunde liegt, ist in denselben nicht ausgesprochen. Die Kenntniß dieser Auffassung aber ist von entscheidendem Gewicht, wenn der eine Nachbar vorschriftswidrige Fenster angelegt und während der verjährungsmäßigen Zeit ungestört besessen hat. War ihm nur zu Gunsten des Nachbars die gesetzliche Servitut auferlegt, seine Fensteranlagen vorschriftsmäßig einzurichten, so liegt die Annahme nahe, daß er durch sein Vorgehen nur die Freiheit von dieser Servitut erworben hat, seinerseits aber den Nachbar nicht hindern kann, ihm Licht und Aussicht zu verbauen. Wird dagegen in den gesetzlichen Bestimmungen eine allgemeine Beschränkung des Eigenthums erblickt, so läßt sich die Anschauung nicht zurückweisen, daß durch Anlage und Unterhaltung vorschriftswidriger Licht- und Aussichtsfenster gegen den Nachbar das Licht- und Aussichtsrecht als Servitut erworben wird, so daß er Bauten, welche dieses Recht beeinträchtigen würden, nicht aufführen darf. Beide Ansichten sind vertreten und demgemäß auf Grund der gleichen gesetzlichen Bestimmungen ganz verschiedene Entscheidungen gefällt, weil — das Gesetz von einer doktrinären Entwickelung seiner Grundanschauung Abstand genommen hat.

Der Begriff einer natürlichen Verbindlichkeit, deren Wesen im Gegensatz zur rechtlichen Verbindlichkeit hauptsächlich darin liegt, daß ihre Erfüllung durch gesetzliche Mittel nicht erzwungen werden kann, ist dem Code nicht fremd, seine dürftigen Bestimmungen lassen aber die von ihm als maßgebend erachtete doktrinäre Auffassung des Instituts nicht erkennen. Auch das hat ein Auseinandergehen der Ansichten zur Folge gehabt. Nicht selten wird die Erfüllung einer blos natürlichen Verbindlichkeit ausdrücklich versprochen. Der Erzeuger eines unehelichen Kindes verschließt sich, alsbald nach der Geburt desselben, der Erkenntniß nicht, daß er sich anständiger Weise der Alimentationspflicht nicht entziehen könne, und verspricht Alimente. Der Erbe, welchem die Entrichtung von Vermächtnissen mündlich, also in nicht rechtsverbindlicher Weise, aufgetragen ist, faßt in der ersten Trauerzeit den Entschluß, dem Willen des Erblassers nachzukommen, und verspricht die Auszahlung. Später überwiegt die kalte egoistische Ueberlegung, die Leistung der versprochenen Zahlung wird verweigert und der Weg der Klage beschritten. Daß es sich in den erwähnten Fällen um die Erzwingbarkeit natürlicher Verbindlichkeiten handelt, wird übereinstimmend angenommen, die Entscheidung der Frage, ob eine natürliche Verbindlichkeit durch ein Erfüllungsversprechen klagbar gemacht werden kann, ist aber in entgegengesetzter Richtung erfolgt. Keine derselben kann als unrichtig bekämpft werden; bei der Unvollständigkeit des Gesetzes erscheint die Ergänzung desselben nach beiden Richtungen hin zulässig.

Die vorangeführten Beispiele beweisen, zu welcher Unsicherheit in der Rechtsprechung die Abstandnahme von Aufstellung doktrinärer gesetzlicher Vorschriften führen kann. Der etwaige Hinweis darauf, daß es schließlich zur Feststellung einer maßgebenden übereinstimmenden Rechtsprechung kommt, wird für die rechtsuchende Bevölkerung nicht von entscheidendem Gewicht sein können. In Fällen der besprochenen Art sind Kapitalien verloren und dadurch ganze Familien in's Unglück gestürzt, freundnachbarliche Verhältnisse durch erbitterte Processe zerstört und wohlberechtigte Erwartungen getäuscht, ehe sich die Rechtsprechung befestigt hat. Außerdem darf nicht vergessen werden, daß es wohl überhaupt nicht Aufgabe der Rechtsuchenden ist, durch Proceßführung und Zahlung von Gerichts- und Anwaltkosten die Feststellung der maßgebenden Rechtssätze zu erwirken. Der Aufgabe, das geltende Recht klar und unzweideutig auszusprechen, soll sich das Gesetz unterziehen, und wenn es sich der Lösung derselben durch das Mittel doktrinärer Fassung zu nähern vermag, so können die Rechtsuchenden, um deren Hab und Gut, Rechte und Pflichten es sich handelt, dabei nur gewinnen.

2. Beanstandung einzelner Bestimmungen.

Abgesehen von den Einwänden gegen die als abstrakt und doktrinär bezeichnete Anlage des Entwurfs im Allgemeinen, sind namentlich auch einzelne Bestimmungen beanstandet, weil dieselben theilweise auf die Entscheidung von Eventualitäten abzielen, welche nach den eigenen Ausführungen der Motive nur äußerst selten eintreten können, und theilweise nur den Zweck haben, bestehende Kontroversen zu entscheiden. Dieses Verfahren erscheint durch die vorliegenden Verhältnisse geboten.

Da die für den Geltungsbereich des zukünftigen Gesetzbuches maßgebenden doktrinären Grundlagen ausschließlich aus dem Gesetzbuch selbst entnommen werden sollen, so müssen dieselben darin auch vollständig enthalten sein, und durch nichts kann die Vollständigkeit besser erreicht werden, als dadurch, daß der Gesetzgeber selbst die Konsequenzen der von ihm als maßgebend erkannten Anschauungen möglichst bis zu den äußersten Grenzen zieht. Wenn in Folge dessen Bestimmungen zur Aufnahme gelangen, welche in der Praxis vielleicht nie angewendet werden, so dienen dieselben doch dem berechtigten Zweck, den Gedankengang des Gesetzgebers völlig klar zu stellen und das Ziehen richtiger Folgerungen und Rückschlüsse zu ermöglichen. Würde das Gesetzbuch in dieser Beziehung Lücken erhalten, so würde das unvermeidliche Ergebniß eintreten, daß Jeder die Lücken nach Maßgabe des ihm bisher gewohnten Rechtssystems ergänzt, was nothwendig die Herausbildung verschiedenartiger Anwendung zur Folge haben müßte.

In gleicher Weise ist es durch die Rücksicht auf die Mannigfaltigkeit der bestehenden bürgerlichen Rechte geboten, die bisherigen unausgetragenen Kontroversen, mögen sie auch an sich von nur untergeordneter Bedeutung sein, ausdrücklich zu entscheiden. Andernfalls würde voraussichtlich in den einzelnen Rechtsgebieten nicht nur für die Entscheidung die bisher herrschende Ansicht ausschlaggebend bleiben, sondern auch an der für die Begründung der Entscheidung maßgebenden Auffassung festgehalten und dadurch die zutreffende einheitliche Anwendung des ganzen Gesetzbuchs in Frage gestellt werden.

Im Zusammenhange hiermit muß auch die viel angefeindete, durch § 2 des Entwurfs vorgesehene Beseitigung des Gewohnheitsrechts kurz erörtert werden. Daß sich nach dem Inkrafttreten eines allgemeinen bürgerlichen Gesetzbuchs in absehbarer Zukunft ein gemeines deutsches Gewohnheitsrecht bilden könne, ist wohl allseitig als äußerst unwahrscheinlich anerkannt. Zufolge des beabsichtigten unbedingten Ausschlusses alles Gewohnheitsrechts ist daher eine Schädigung der zukünftigen Rechtsentwickelung nicht zu befürchten. Deshalb wird es ausschlaggebend sein müssen, daß die Herstellung wahrer Rechtseinheit nur denkbar ist, wenn die fernere Berufung auf bisher entstandenes Gewohnheitsrecht endgültig abgeschnitten wird. Gerade die Regelung der wichtigsten Materien, wie eheliches Güterrecht und Erbrecht, beruht vielfach auf mehr oder weniger vollständigen Kodifikationen, deren Bestimmungen „nach Maßgabe feststehender Uebung“ angewendet werden. Wenn die Möglichkeit einer Berufung auf diese „feststehende Uebung“ offen gelassen würde, so könnte durch den Erlaß eines allgemeinen bürgerlichen Gesetzbuchs nur der äußere Schein der Rechtseinheit erreicht werden.

Die für Beibehaltung des Gewohnheitsrechts ins Feld geführte Behauptung, daß zwischen der Bestimmung des § 1 des Entwurfs und der Vorschrift des Art. 1 des Handelsgesetzbuchs ein Widerspruch bestehen würde, erscheint nicht zutreffend. Die letztere Bestimmung lautet:

> In Handelssachen kommen, insoweit dieses Gesetzbuch keine Bestimmungen enthält, die Handelsgebräuche und in deren Ermangelung das allgemeine bürgerliche Recht zur Anwendung.

Hiernach ist für die Zukunft, insoweit ein Zurückgehen auf das allgemeine bürgerliche Recht nothwendig wird, die in das Gesetzbuch aufzunehmende Beseitigung des Gewohnheitsrechts als einer Quelle des bürgerlichen Rechts auch für Handelssachen maßgebend. Daß für diese das allgemeine bürgerliche Recht nur äußersten Falls zur Anwendung kommen soll, wenn weder die Bestimmungen des Handelsgesetzbuchs noch die Handelsgebräuche die genügende Unterlage für die Entscheidung liefern, enthält eine Beschränkung der Geltung des allgemeinen bürgerlichen Rechts, welche durch die besonderen Eigenthümlichkeiten der Handelssachen bedingt wird. Die Berücksichtigung von Gewohnheiten innerhalb eines Bereichs, welcher der Anwendung des allgemeinen bürgerlichen Rechts verschlossen ist, kann aber keinen Widerspruch mit einer Vorschrift dieses Rechts enthalten, welche für den Kreis seiner Anwendbarkeit das Gewohnheitsrecht beseitigt.

3. Das Fehlen von Kernsätzen.

Als besonderer Tadel gegen die Fassung und Anlage des Entwurfs ist auch hervorgehoben, daß derselbe keine Kernsätze enthalte, welche geeignet seien, als geflügelte Worte oder Rechtssprichwörter von der großen Masse der Bevölkerung aufgenommen zu werden. Damit sie ein Mittel, das Recht volksthümlich zu machen, bedauerlicher Weise versäumt.

Als Beispiel eines solches volksthümlichen Kernsatzes ist unter Andern der berühmte oder berüchtigte Satz des Code aufgestellt »la recherche de la paternité est interdite«. Die wahre Bedeutung dieses Satzes beschränkt sich darauf, daß ein uneheliches Kind gegen seinen Erzeuger die Anerkennung der Vaterschaft im Wege des Processes nicht erzwingen kann. Diejenigen, welche den Satz im Munde führen, wollen aber meistens damit ausdrücken, daß der uneheliche Beischlaf die Gefahr einer Alimentenklage nicht begründe. Das ist ja, vom streng juristischen Standpunkt aus, auch richtig, denn das uneheliche Kind oder dessen gesetzlicher Vertreter können unter der Herrschaft des Code eine Alimentenklage auf die bloße Thatsache der unehelichen Zeugung nicht stützen. Wohl aber wird, wie schon vorher angedeutet ist, diese Thatsache in Verbindung mit einem Zahlungsversprechen vielfach als ausreichend erachtet, die Klage zu begründen, auch steht die Auffassung, daß der verführten Mutter eine Abfindung zugesprochen sei, nicht vereinzelt da.

Im Verständniß des Volks wird mithin dem Kernsatz eine zum Theil nicht völlig zutreffende Bedeutung beigelegt, wodurch er geeignet wird, den Leichtsinn Einzelner, nicht aber die allgemeine Rechtskenntniß zu befördern.

Auf den ausdrucksvollen Satz „Kauf bricht Miethe" ist gleichfalls verwiesen. Durch die Kenntniß desselben wird allerdings Jeder darauf aufmerksam gemacht, daß unter seiner Geltung der Erwerber eines Grundstücks an die von dem Veräußerer geschlossenen Miethsverträge nicht gebunden ist. Damit ist aber wenig gewonnen. Indem das Sprichwort, um diesen zutreffenden Rechtssatz zum Ausdruck zu bringen, eine völlig unzutreffende Bezeichnung wählt, ist es sogar geeignet Verwirrung zu stiften. Ein Brechen des Miethsvertrages findet in keiner Weise statt, das Vertragsverhältniß zwischen Vermiether und Miether bleibt unverändert bestehen. Der Vermiether führt durch seine Handlung lediglich die Unmöglichkeit der ferneren Erfüllung des Vertrages herbei und über die Anwendung der verwickelten Lehre von den Folgen der durch die

Schuld des einen Theils verursachten Unmöglichkeit der Erfüllung eines Vertrages erfährt vorkommenden Falls der Miether durch das Sprichwort nichts.

In Anlehnung an das dem Staatsrecht angehörige Sprichwort »le roi est mort, vive le roi«, welches den Gedanken der Kontinuität der Monarchie treffend ausdrückt, hat sich für das Privaterbrecht der Satz gebildet »le mort saisit le vif«, in der deutschen Fassung „der Tode erbt den Lebendigen". Dadurch wird im Gegensatz zu der Lehre der Römer ausgesprochen, daß sich der Eintritt des Erben in die rechtliche Stellung des Erblassers ohne Weiteres mit dem Erbfall vollzieht, daß mithin der Erbe nach den Bestimmungen des Gesetzes keinen Anlaß hat, irgend welche positive Thätigkeit zu entfalten, um die Erbschaft anzutreten. Die Erkenntniß dieser richtigen Bedeutung des Satzes hat aber vielfach für das praktische Leben nicht nur keine erhebliche Bedeutung, sondern kann geradezu eine Unthätigkeit des Erben veranlassen, welche zu erheblichen Unzuträglichkeiten führt. Das Preußische Landrecht erkennt den Satz an und will den Erben für den Fall der Ueberschuldung des Nachlasses dadurch schützen, daß er kraft Gesetzes für die Passiva des Nachlasses nur so weit haftet, als die Aktiva machen. Dieser Schutz fällt aber fort, wenn der Erbe, bei dem sich etwa vorhandene unbekannte geschäftsgewandte Gläubiger des Erblassers vorerst absichtlich nicht melden, seine Unthätigkeit volle sechs Monate fortsetzt, ohne die Erklärung abzugeben, daß er die Erbschaft ausschlage, beziehungsweise ohne das vorgeschriebene Nachlaßinventar aufzunehmen. Alsdann haftet er persönlich mit seinem eigenen Vermögen für alle Schulden des Erblassers. Wohl mit Recht ist bemerkt worden, daß das Gesetz hier dem Erben eine Falle stelle, in welcher sich der Rechtsunkundige vielfach fangen müsse.

Wenn das Volk an dem geltenden Recht Antheil nimmt, so wird es sich Rechtssprichwörter bilden oder einzelne Sätze des Gesetzes aufnehmen, und es mag dann die Hoffnung bestehen, daß damit auch ein richtiger Sinn verbunden wird. Die künstliche Schaffung von Kernsprüchen, die als Schlagwörter für den Verkehr bestimmt sind, würde voraussichtlich nur die Gefahr einer Verwirrung der Begriffe zur Folge haben.

4. Das Vermeiden der Kasuistik.

Auch das glückliche Vermeiden der Kasuistik, welches von vielen Seiten als zweifelloser Vorzug des Entwurfs anerkannt wird, hat zur Folge gehabt, daß die Sätze des Entwurfs oft sehr theoretisch klingen; und es ist hierauf mit unverhohlenem Bedauern der Vorwurf gestützt worden, daß dem zukünftigen Gesetzbuch die Volksthümlichkeit fehlen und dasselbe für immer verurtheilt sein werde, „ein Gelehrtendasein zu führen". Selbst wenn das als völlig zutreffend erachtet werden müßte, könnte das Deutsche Volk den Verfassern des Entwurfs nur dankbar dafür sein, daß sie mit allen Mitteln bestrebt gewesen sind, die Kasuistik aus der Gesetzgebung zu entfernen. Die in Folge dessen für die gesammte Rechtspflege zu erwartenden Vortheile erscheinen außerordentlich werthvoll. Abgesehen vom Code beeinflußt nach den zur Zeit in Deutschland geltenden bürgerlichen Rechten die Kasuistik die Rechtsprechung bewußt oder unbewußt in hohem Maße, was sich aus dem durchgreifenden Einfluß des Römischen Rechts leicht erklären läßt.

Im alten Rom war die Zahl der geschriebenen Gesetze sehr gering und deren Inhalt völlig unzureichend, um daraus die Entscheidung für die im Leben vorkommenden Streitigkeiten zu entnehmen. Alle Ansprüche mußten aber auf ein bestehendes Gesetz gegründet werden, und deshalb bestand der vornehmste Beruf der Rechtsgelehrten darin, alle Ansprüche an ein schon gegebenes Gesetz anzuknüpfen und daraus abzuleiten. Man kann die für die Rechtspflege demgemäß entwickelte Methode dahin zusammenfassen, daß es weniger darauf ankam, die besondern Umstände des einzelnen Falls festzustellen und dann das passende Gesetz zu suchen, als vielmehr darauf, den einzelnen Fall einem bestimmten Gesetz anzupassen. Lediglich eine weitere Ausbildung dieser Methode war es, wenn demnächst zur Begründung der Anwendbarkeit eines Gesetzes Aussprüche berühmter Rechtsgelehrter, welche durch andere Fälle veranlaßt waren, herangezogen wurden. Die Nothwendigkeit blieb bestehen, die Umstände des zur Entscheidung zu bringenden Falls den Voraussetzungen, auf welcher der frühere Ausspruch beruhte, anzupassen. Daran hat auch die durch Justinian veranlaßte Kodifikation nichts geändert. Abgesehen von dem Lehrbuch der Institutionen und von den Novellen, die einiger Maßen demjenigen entsprechen, was man heute nach dem Ausdruck „Gesetz“ zu bezeichnen pflegt, besteht seine Sammlung, soweit sie heute noch für das Privatrecht verwerthbar ist, vorwiegend aus Entscheidungen und Aussprüchen, welche aus Anlaß bestimmter einzelner Fälle ergangen sind. Allerdings sind durch die Arbeit der Wissenschaft die allgemeinen Rechtssätze herausgefunden und aufgestellt, auf welchen die einzelnen Entscheidungen und Aussprüche beruhen, aber diese Ergebnisse der Wissenschaft sind nicht Gesetz, vielmehr enthalten die lateinischen Textstellen des Corpus Juris nach wie vor die im Geltungsbereich des gemeinen Rechts anzuwendenden Gesetze. Um ein derartiges, von der Beziehung auf den damals entschiedenen Fall nicht loslösbares Gesetz anwenden zu können, muß der heute vorliegende Fall den Voraussetzungen, die damals gegeben waren, entsprechen; sonst bleibt nichts übrig, als auf die sog. „allgemeinen Grundsätze“ zurückzugehen, in Ansehung deren sich eine unbestritten herrschende Meinung nicht immer feststellen läßt.

Sehr ähnlich ist die Lage im Geltungsbereich des Preußischen Landrechts. Vielfach enthalten die gesetzlichen Bestimmungen ersichtlich Entscheidungen einzelner Fälle oder lassen wenigstens erkennen, welche Fälle dem Gesetzgeber bei Fassung der Vorschrift vorgeschwebt haben. Wenn dann das Gesetzbuch daneben die abstrakte, allgemein für das fragliche Verhältniß maßgebende Rechtsnorm nicht auch selbst ausspricht, so tritt bei der Behandlung jedes einzelnen streitigen Falls die Nothwendigkeit ein, zunächst zu untersuchen, ob derselbe einem derjenigen Fälle, welche der Gesetzgeber entschieden hat, angepaßt werden kann, und sofern das nicht zum Ziel führt, den allgemeinen Rechtssatz, von welchem der Gesetzgeber bei seinen Entscheidungen ausgegangen ist, aufzusuchen, wobei, wie früher erwähnt ist, nicht selten ein Zurückgehen auf das Römische Recht unvermeidlich wird.

Eine derartige Behandlung streitiger Fälle muthet den Anwälten wie den Richtern die Ueberwindung ganz außerordentlicher Schwierigkeiten zu und kann namentlich keine sichere Gewähr dafür bieten, daß nicht das berechtigte Streben, ein für die Entscheidung anwendbares Gesetz herauszufinden, zu einer Auffassung der näheren Umstände des einzelnen Falles führt, welche der Wirklichkeit nicht völlig in allen Punkten entspricht. Nicht immer läßt es sich als unberechtigtes Schelten eines Urtheils zurückweisen, wenn die unterliegende Partei ihrem Gefühl dahin Ausdruck giebt, daß die erlassene Entscheidung nicht vollständig dasjenige treffe, worüber sie gestritten hat.

Den Unzuträglichkeiten, welche eine kasuistische Fassung oder Anlage des Gesetzes zur Folge haben kann, wird am sichersten vorgebeugt, wenn abstrakte, für alle oder für gewisse Kategorieen gleichartiger Fälle maßgebende Rechtsnormen aufgestellt werden. Diesen Weg haben die Verfasser des Entwurfs eingeschlagen. Daß sie dadurch das vorgesteckte Ziel im Großen und Ganzen erreicht haben, wird, soviel sich übersehen läßt, fast ausnahmslos anerkannt, es werden aber Einwendungen gegen das beobachtete Verfahren erhoben, weil dasselbe zur Herstellung eines Gesetzbuches führen würde, welches, aus einer Reihe abstrakter wesenloser Bestimmungen zusammengesetzt, dem Leser die Beziehung seiner Vorschriften auf das Leben nicht erkennbar mache.

Derartigen Bedenken wird eine ausschlaggebende sachliche Bedeutung nicht beizulegen sein. Die Aufgabe, praktische Fälle zu erdenken, welche genau unter ein gegebenes Gesetz passen, ist an sich sehr schwer lösbar, und es darf daher nicht befremden, wenn der Versuch, nach Durchlesung einer Bestimmung des Entwurfs Fälle herauszufinden, auf welche dieselbe berechnet ist, nicht zu dem erwünschten Ergebniß führt. Wenn man sich aber die sämmtlichen Umstände eines praktisch vorliegenden Falles genau durchdacht hat und dann die Entscheidung in dem Entwurfe sucht, so wird man finden, daß derselbe das Wesenlose alsbald verliert und klar und sicher den richtigen Weg weist. Kasuistisch angelegte Gesetzbücher enthalten Bestimmungen, deren Bedeutung und Beziehung jeder Gebildete, sobald der Fall genau so, wie der Gesetzgeber ihn sich gedacht hat, vorliegt, sofort erkennt und versteht, wenn aber die Entscheidung eines praktisch vorliegenden, von dem im Gesetz entschiedenen Falle in irgend welcher Beziehung abweichenden Falles gesucht wird, so ergeben sich Zweifel ohne Ende.

Jeder praktische Jurist wird bestätigen, daß kaum ein streitiger Fall dem andern vollkommen gleicht. Die Anforderung, jeden einzelnen möglichen Fall besonders zu entscheiden, läßt sich an ein Gesetzbuch nicht stellen. Trotzdem muß es das Ziel der Gesetzgebung sein, wenigstens für die große Mehrzahl der möglichen Fälle die Entscheidungsnorm im Voraus zu geben. Zur Erreichung dieses Ziels erscheint, wie der Entwurf zeigt, eine abstrakte doktrinäre Anlage als geeignetes Mittel. Deshalb wird sich nicht bestreiten lassen, daß gerade diese Anlage gegenüber dem in großen Gebieten gegenwärtig bestehenden Zustande als ein Vorzug anzuerkennen ist, namentlich wenn man erwägt, daß der Gesetzgeber überhaupt nur die Vergangenheit und die Gegenwart übersehen lann, ein Stillstand der Verhältnisse aber nicht eintritt. Desbalb kann eine kasuistisch angelegte Gesetzgebung nur für eine verhältnißmäßig kurze Zeit zutreffend sein und bringt von vorne herein die Gefahr mit sich, dem praktischen Leben alsbald Schwierigkeiten zu bereiten. Dieser Gefahr muß ein Gesetzbuch, dessen Geltung auf eine lange Dauer zu berechnen ist, unter allen Umständen nach Möglichkeit vorbeugen.

5. Bedeutung für die Rechtsprechung.

Uebrigens erscheint es auch nicht geboten, die Fassung und Anlage des Entwurfs als eine lediglich aus theoretischen Erwägungen der Verfasser entsprungene Erfindung zu betrachten, zweifellos wird vielmehr durch dieselbe, in Anlehnung an das bereits geltende Reichsrecht, eine Fortbildung der Grundsätze desselben wirksam gefördert werden.

a) Die Civilproceßordnung hat allgemein ein mündliches Verfahren eingeführt und ferner vorgeschrieben: „Das Gericht hat unter Berücksichtigung des gesammten Inhalts der Verhandlungen und des Ergebnisses einer etwaigen Beweisaufnahme nach freier Ueberzeugung zu entscheiden, ob eine thatsächliche Behauptung für wahr oder für nicht wahr zu erachten sei.“ Die mündliche Verhandlung soll die Unterlage für die Ueberzeugung des Gerichts liefern. In lebendiger Rede sollen die Parteien oder ihre Vertreter die Sachlage vortragen, und das Gericht soll diesen Vorträgen den für die Entscheidung erheblichen Stoff entnehmen. Das mündliche Vorbringen muß nach allen Richtungen hin möglichst vollständig sein, denn was nicht vorgetragen ist, darf nicht berücksichtigt werden. Als Gegenstand der mündlichen Verhandlung ergiebt sich daher der Vortrag der thatsächlichen Umstände des gegebenen Falles, insoweit sie für die zu erlassende richterliche Entscheidung von Bedeutung sind, mit steter Beziehung auf das anzuwendende Gesetz. Je allgemeiner dieses Gesetz gehalten ist, desto schärfer ist die rechtliche Bedeutung der thatsächlichen Umstände im Einzelnen und in ihrem Zusammenhange zu prüfen, um auf Grund des Ergebnisses einer solchen Prüfung, nach Ausscheidung des Unwesentlichen, zur Feststellung des thatsächlich Wesentlichen und zugleich zur Entscheidung über die Anwendbarkeit des Gesetzes zu gelangen.

Die abstrakte Anlage der Bestimmungen des Entwurfs wird mit Rücksicht hierauf geeignet sein, auf eine festere Umgrenzung und sachlich wünschenswerthe Ausgestaltung der mündlichen Verhandlung hinzuwirken. Dabei ist besonders auch in Betracht zu ziehen, daß der Entwurf in weitgehendem Maße dem ausdrücklich oder stillschweigend erklärten Willen der Betheiligten entscheidende Bedeutung beilegt. Die auf Ermittelung des Willens der Betheiligten gerichteten Verhandlungen, welche dem Richter die erforderliche Unterlage zur Anwendung der ihm übertragenen freien Beweiswürdigung liefern müssen, können sich aber nur auf dem Gebiet der Erörterung der in dem gegebenen Fall thatsächlich erheblichen Umstände in der ihnen nach dem Gesetz zukommenden rechtlichen Bedeutung bewegen.

Zu Vorträgen darüber, ob und inwieweit der gegebene Fall einem früher entschiedenen gleich oder ähnlich sei und, ob die Anwendbarkeit eines für derartige ähnliche Fälle passenden Gesetzes begründet sei, wird sich unter der Geltung der Bestimmungen des Entwurfs der Regel nach kein Anlaß bieten. Damit wird auch die Verhandlung darüber, welche Auslegung das anzuwendende Gesetz in Rechtsprechung und Wissenschaft in etwaigen ähnlichen Fällen erfahren habe, meistentheils entbehrlich sein. In Folge dessen muß sich eine Entlastung der mündlichen Verhandlung dahin ergeben, daß umfangreiche Ausführungen, welche den gegebenen Fall nicht unmittelbar treffen und theilweise Fragen berühren, zu deren Erörterung es einer mündlichen Verhandlung wohl nicht unbedingt bedarf, in Zukunft mehr und mehr fortfallen.

Hiernach darf die Hoffnung ausgesprochen werden, daß ein auf der Grundlage des Entwurfs hergestelltes Gesetzbuch, falls es an der abstrakten Anlage der vorgeschlagenen Bestimmungen festhält, gerade hierdurch die Principien der Mündlichkeit des Proceßverfahrens und der freien Beweiswürdigung, zum großen Vortheil der Rechtsuchenden, ihre wahre Bedeutung sichern wird.

b) Im Zusammenhang mit den gegen die abstrakte Anlage des Entwurfs gerichteten Ausstellungen ist von verschiedenen Seiten bei voller Anerkennung, daß die Verfasser von ihrem Standpunkt aus ein Meisterwerk juristischer Logik geliefert haben, die Befürchtung ausgesprochen, daß in Zukunft die Ausübung der Rechtspflege eine handwerksmäßige Gestalt annehmen möchte. In dieser Beziehung ist gesagt worden: „Wenn dem Richter alle Rechtssätze bis ins Letzte durchdacht vorgelegt werden, wird er sich daran gewöhnen, sich die tiefere Gedankenarbeit erspart zu halten.“ Gegen diese Auffassung muß Verwahrung eingelegt werden. Die Richtung der bei Ausübung der Rechtspflege aufzuwendenden wissenschaftlichen Thätigkeit kann sich ändern; aufhören kann diese Thätigkeit nicht, und es ist auch kein Rückgang derselben zu fürchten. Jeder Streitfall muß wissenschaftlich erfaßt werden, und zur Anwendung des Gesetzes auf den Streitfall ist wissenschaftliche Gedankenarbeit erforderlich. In der Weise kann und wird ein Gesetzbuch nie gefaßt werden, daß Anwälte und Richter, des eigenen Nachdenkens überhoben, den Obliegenheiten ihres Berufs durch schablonenhafte Thätigkeit gerecht werden könnten. In Ansehung der Beurtheilung des Entwurfs ist bemerkt worden: „Der Entwurf ist ein organisches Ganzes, dessen einzelne Theile in den innigsten Wechselbeziehungen stehen; bevor eine seiner Vorschriften beurtheilt werden kann, muß ihre volle Bedeutung und ihre ganze Tragweite und müssen alle ihre Wechselbeziehungen zu anderen Vorschriften klar liegen.“ Das ist, mit Aenderung weniger Worte, auch für das Verständniß eines auf der Grundlage des Entwurfs hergestellten Gesetzbuches passend. Das Verständniß jeder einzelnen Bestimmung eines wissenschaftlich angelegten Gesetzbuches kann eben nur durch wissenschaftliche Thätigkeit gewonnen werden.

c) Auf Grund der Bestimmung in § 1 des Entwurfs:

Auf Verhältnisse, für welche das Gesetz keine Vorschrift enthält, finden die für rechtsähnliche (d. h. in rechtlicher Beziehung ähnliche) Verhältnisse gegebenen Vorschriften entsprechende Anwendung. In Ermangelung solcher Vorschriften sind die aus dem Geiste der Rechtsordnung sich ergebenden Grundsätze maßgebend"

ist gefolgert worden, daß der Richter zur Neuentdeckung oder Neuerfindung von „Principien" berechtigt oder gar verpflichtet werde. Dieser Ansicht kann nicht zugestimmt werden. Der Richter soll nur die in dem Entwurf enthaltenen, für rechtsähnliche Verhältnisse gegebenen Vorschriften aufsuchen und anwenden, oder, falls er solche Vorschriften nicht aufzufinden vermag, die aus dem Geist und Zusammenhang des Gesetzbuches sich ergebenden Principien herleiten und zur Anwendung bringen. Die Neuentdeckung oder Neuerfindung von Principien ist dem Richter durch die angeführte Bestimmung unzweideutig verboten, was praktisch namentlich den Sinn hat, daß die Herübernahme von Principien aus den bisher geltenden Rechtssystemen ausgeschlossen ist. In jedem Streitfall wird der Richter sein ganzes juristisches Kennen einzusetzen haben, um sich klar zu werden, ob eine Vorschrift des Gesetzbuches die anzuwendende Entscheidung enthält, eventuell welches andere Rechtsverhältniß er als derartig rechtsähnlich erachten darf, daß er zur Anwendung der für dasselbe gegebenen Vorschriften gelangen kann, und äußersten Falls, welcher entscheidende Grundsatz sich aus dem Geist der in dem Gesetzbuch enthaltenen Rechtsordnung ergiebt. Hiermit und mit der Aufgabe, die sämmtlichen Umstände jedes einzelnen Falles in ihrer rechtlichen Bedeutung zu prüfen und zu erfassen, stellt der Entwurf an die Richter allerdings hohe Anforderungen.

Deshalb erscheint aber die ausgesprochene Befürchtung keineswegs gerechtfertigt, die Richter könnten versuchen durch eigenmächtige Schaffung von Rechtssätzen die Schwierigkeiten ihrer Aufgabe zu umgehen. Als Beispiel ist das Versprechen einer Leistung an einen Dritten herangezogen, dessen Regelung namentlich wegen der bei Gutsabtretungen vorkommenden Abfindungen und wegen der Lebensversicherungen zu Gunsten von Hinterbliebenen für weite Kreise ein hervorragendes Interesse hat. Bezüglich eines derartigen Versprechens bestimmt § 412 das Folgende:

Wird in einem Vertrage von einem der Vertragschließenden eine Leistung an einen Dritten versprochen, so wird der Dritte hierdurch unmittelbar berechtigt, von dem Versprechenden die

Leistung zu fordern, sofern aus dem Inhalt des Vertrages sich ergiebt, daß diese Berechtigung des Dritten gewollt ist.

Daß hier in der Ermittelung des Wollens der Vertragschließenden den Gerichten eine sehr schwere Aufgabe gestellt ist, wird Jedem einleuchten, aber daß die Gerichte, wie befürchtet ist, sich der Lösung dieser Aufgabe dadurch entziehen sollten, daß sie je nach ihrer subjektiven Ansicht entweder den Rechtssatz: „Das Klagerecht des Dritten ist nur gewollt, wenn es ausdrücklich gesagt ist", oder den Rechtssatz: „Das Klagerecht des Dritten ist stets gewollt" aufstellen, das erscheint vollständig ausgeschlossen. Das geltende Proceßrecht enthält geeignete Bestimmungen, um den befürchteten Mißständen wirksam entgegenzutreten. Sollte einmal ein Gericht in mißverständlicher Auffassung der Gesetzesvorschrift seine Entscheidung nicht ausschließlich auf den ermittelten Parteiwillen, sondern auf einen solchen angeblichen Rechtssatz stützen, so würde voraussichtlich schon das nächsthöhere Gericht in der Berufungsinstanz die Entscheidung von der richtigen Grundlage aus treffen; und wenn auch dieses Gericht an der mißverständlichen Auffassung festhalten sollte, so würde seine Entscheidung von dem höchsten Gerichtshof wegen Gesetzesverletzung aufgehoben werden. Die Civilproceßordnung schreibt in § 512 vor: „Das Gesetz ist verletzt, wenn eine Rechtsnorm nicht oder nicht richtig angewendet worden ist." Unter die Vorschrift fällt es selbstverständlich auch, wenn eine vermeintliche, in Wirklichkeit nicht bestehende Rechtsnorm angewendet worden ist. Die Entscheidungsgründe müssen nach der Bestimmung des § 284 a. a. O. aus dem Urtheil ersichtlich sein, und um die Beobachtung dieser Vorschrift wirksam zu sichern, schreibt § 513 a. a. O. vor: „Eine Entscheidung ist stets als auf einer Verletzung des Gesetzes beruhend anzusehen, wenn die Entscheidung nicht mit Gründen versehen ist." Sobald daher aus den Urtheilsgründen nicht klar zu entnehmen ist, daß die Entscheidung dem Gesetze gemäß auf dem ermittelten Parteiwillen beruht, hat die Aufhebung des Urtheils zu erfolgen.

Um möglichen Mißverständnissen vorzubeugen, wird hier bemerkt, daß sich gegen den Inhalt des herangezogenen § 412 sachlich beachtenswerthe Bedenken erheben lassen. Trotzdem ist dieses von anderer Seite gewählte Beispiel der Erörterung zu Grunde gelegt, weil es geeignet erscheint, den praktischen Erfolg der von den Verfassern des Entwurfs befolgten Methode zur Anschauung zu bringen. Auf Grund dieser Methode sind allgemein gehaltene, klare, präcise Rechtsnormen aufgestellt, deren richtige Anwendung auf den einzelnen Fall allerdings voraussetzt, daß alle erheblichen Umstände desselben in ihrer rechtlichen Bedeutung ermittelt sind, bei Erfüllung dieser Voraussetzung aber weitere rechtliche Schwierigkeiten kaum bieten kann.

Die Verfasser haben auf den Grundanschauungen, welche das vor 10 Jahren in Kraft getretene einheitliche deutsche Proceßrecht beherrschen, weiter gebaut und demgemäß Vorschläge gemacht, deren Annahme in richtiger Fortbildung des bereits Bestehenden die Herstellung wahrer Rechtseinheit fördern muß.

6. Verhältniß zur Rechtswissenschaft.

Aus den Kreisen der Rechtslehrer ist bemerkt worden, daß die Auffassung wachgerufen werden könne, „es beginne nun eine mit der bisherigen Entwickelung nicht im Zusammenhang stehende, der Erklärung aus ihr daher nicht bedürftige Periode der deutschen Rechtsgeschichte". Ferner: „der Blick des Juristen soll nicht mehr über das neue System hinaus und in Vergangenes zurückschweifen, sondern sich lediglich innerhalb des neugeschaffenen Horizonts bewegen. Wo Ergänzung Noth thut, da soll sie lediglich aus dem Codex (Gesetzbuch) selbst unternommen werden." Damit ist zunächst unzweideutig und zutreffend anerkannt, daß in Zukunft von einer Herrschaft fremden Rechts nicht mehr die Rede sein kann. Freilich blickt zugleich die Besorgniß durch, daß dabei die wissenschaftliche Behandlung und Entwickelung des Rechts Schaden leiden könne. Das wäre gewiß in hohem Maße bedauerlich, aber es läßt sich mit Bestimmtheit erwarten, daß die befürchtete Gefahr nicht eintreten wird. Das für die richtige Anwendung erforderliche Verständniß eines Gesetzes, und namentlich eines umfassenden Gesetzbuches, kann nur auf Grund wissenschaftlicher Schulung in juristischem Denken erlangt werden. Insoweit nach dem Erlaß des bürgerlichen Gesetzbuches für diese Schulung die Nothwendigkeit einer Aenderung der bisherigen Methode hervortreten sollte, werden unsere Rechtslehrer vor der Aufgabe nicht zurückschrecken, den richtigen Weg zu finden, auf welchem bei den Schulen nicht nur die Wissenschaftlichkeit an sich, sondern auch der Zusammenhang mit der historischen wissenschaftlichen Grundlage gemacht werden kann. Für die Ausübung der Rechtspflege ist die stete Mitwirkung der Wissenschaft unentbehrlich und kann durch keine Kodifikation verdrängt werden. Die Rechtsprechung kann, selbst wenn sie danach streben sollte, sich dem Einfluß der Wissenschaft nicht entziehen. „Die Präjudizien sollen nicht eine über ihren Zweck hinausgreifende Autorität erlangen, damit nicht die Richter der unteren Instanzen die Neigung zu selbstständiger Prüfung der Rechtssätze einbüßen, das höchste Gericht selbst nicht in die Gefahr gerathe, seine Präjudicien mit Gesetzesansehen zu belegen und wiederholter Prüfung und Abänderung derselben zu schwer zugänglich zu werden. Hier ist es besonders die Aufgabe der Wissenschaft, ergänzend, berichtigend, fördernd einzuwirken.“ Die lebendige Entwickelung der Verhältnisse erheischt unbedingte, fortlaufende, thätige Beihülfe der Wissenschaft zur Fortbildung des Rechts. Der Gesetzgeber erfaßt die gegenwärtigen Verhältnisse, die Berücksichtigung ihrer zukünftigen Weiterentwickelung kann naturgemäß nur unsicher und unvollkommen sein. Diese Weiterentwickelung aber führt zu grundsätzlicher Aenderung der Rechtsanschauungen, deren Klärung und richtige Erkenntniß die Mitwirkung der Wissenschaft erheischt. Hierfür mögen folgende Beispiele angeführt werden.

Zu der Zeit, als man mit Ausnutzung der Dampfkraft begann, galt es als Recht, daß nur derjenige zum Ersatz eines Schadens verpflichtet sei, welcher den Schaden nachweislich durch seine Schuld verursacht habe. Heute hat sich für weitere Kreise von Angelegenheiten die Anschauung Bahn gebrochen, daß derjenige, welcher aus einem gefahrbringenden Unternehmen den Gewinn zieht, auch für allen dadurch verursachten Schaden aufkommen müsse.

Die stets vermehrte Häufigkeit des Zusammentreffens gleichartiger Unternehmungen hat in Frankreich auf Grund wissenschaftlicher Behandlung der sogenannten concurrence déloyale in Weiterbildung des geschriebenen Rechts zu einer befriedigenden Regelung der Frage geführt, inwieweit auch dann, wenn bestimmte im Gesetz ausdrücklich anerkannte Rechte nicht verletzt sind, Schutz gegen verwerfliche Konkurrenz gewährt werden kann.

In ersterer Beziehung hat der Erlaß zutreffender Gesetzesbestimmungen und in letzterer Beziehung die Herausbildung einer sachgemäßen Rechtsprechung nur auf der Grundlage wissenschaftlicher Erkenntniß erfolgen können. Selbst wenn ein Gesetzbuch dahin wirken wollte, den Einfluß der Wissenschaft zu beschränken, das Leben wird die freie Entfaltung derselben erfordern und damit sichern.

Schließlich darf auch die Anschauung, daß das zukünftige Gesetzbuch zufolge seiner Gestaltung der wissenschaftlichen Behandlung seiner Lehren nicht genügend Raum geben werde, an der Hand der Erfahrung als voraussichtlich nicht zutreffend bezeichnet werden. Das Preußische Landrecht, welches längere Zeit als unwissenschaftlich erachtet wurde, hat die wissenschaftlichen Werke von Bornemann, Dernburg, Förster-Eccius hervorgerufen. Die einzige vorhandene systematische Behandlung des Französischen Civilrechts rührt von dem Deutschen Zachariä von Lingenthal her. In Frankreich stehen Bearbeitungen des Werks neben den dort erschienenen hochbedeutsamen Kommentaren des Code in allgemeinem Ansehen. Der Entwurf hat bereits, wie die vorliegenden Beurtheilungen ergeben, zu wissenschaftlicher Thätigkeit in großem Umfange Anlaß geboten. Danach wird es erlaubt sein, an der Hoffnung festzuhalten, daß auch einem auf der Grundlage des Entwurfs herzustellenden Gesetzbuch die zutreffende wissenschaftliche Behandlung gesichert sein wird. Durch eine solche wird dann ein unmittelbarer Berührungspunkt zwischen Wissenschaft und Rechtspflege gegeben sein. Allerdings sollen die praktischen Juristen bei der wissenschaftlichen Auslegung des Gesetzes ihre Selbstständigkeit wahren, und sehr treffend ist in dieser Beziehung von einem Rechtslehrer als Vorzug des Entwurfs hervorgehoben: „Der Wegfall der Textkritik (des Corpus Juris) und der künstlichen Vereinigung widersprechender Quellenstellen, die geschlossene Einheitlichkeit der Bestimmungen und ihre Anpassung an das übrige Reichsrecht wird unsere Juristen zur Selbstständigkeit erziehen.“ Aber bei der Auslegung wird jeder praktische Jurist Anlehnung an die Wissenschaft suchen und ihrer nicht entbehren können.

Ein auf der Grundlage des Entwurfs hergestelltes Gesetzbuch wird zufolge der vollständigen Durcharbeitung seiner Bestimmungen der Rechtsunsicherheit vorbeugen, welche entstehen muß, wenn der Richter darauf angewiesen ist, sich die für die Entscheidung des einzelnen Falls maßgebenden Rechtsnormen selbst wissenschaftlich zu konstruiren, dabei wird es aber zugleich, wie schon oben berührt ist, durch die Fassung und Anlage seiner Bestimmungen den Richter stets auf die Nothwendigkeit, mit der Wissenschaft im Zusammenhange zu bleiben, unabweislich hinführen und dadurch die gesammte wissenschaftliche Behandlung des Rechts fördern.

Im Vorbeigehen mag hier noch erwähnt werden, daß auch die Frage bereits aufgeworfen ist, ob das zukünftige Gesetzbuch, welches auf Entscheidung vieler Kontroversen bedacht ist, neue Kontroversen hervorrufen wird. Darauf darf man sich wohl gefaßt machen, denn bisher ist noch kein umfangreiches Gesetz bekannt geworden, welches zu Kontroversen keinerlei Anlaß geboten hätte. Aber es wird sich dann um Kontroversen eines einheitlichen Reichsrechts handeln, das in den Köpfen aller zur Mitwirkung bei der Entscheidung Berufenen, der Rechtslehrer, der Richter und der Anwälte, gleichmäßig lebt. Deshalb wird die alsbaldige sachgemäße Verständigung über die hervortretenden Meinungsverschiedenheiten zum Vortheil der Rechtsuchenden, unter Wahrung der Interessen der Wissenschaft, mit Sicherheit zu erwarten sein.

IV.

Die Schwierigkeit des Verständnisses.

Die Hauptbedeutung der gegen Sprache, Fassung und Anlage des Entwurfs erhobenen Vorwürfe liegt in der daraus gezogenen Schlußfolgerung, daß das Verständniß der vorgeschlagenen gesetzlichen Bestimmungen unverhältnißmäßigen Schwierigkeiten begegnen müsse, und daß namentlich jede Hoffnung auf Volksthümlichkeit des zukünftigen Gesetzbuchs mit Rücksicht hierauf ausgeschlossen erscheine. Dem gegenüber ist vorweg auf folgende Thatsachen hinzuweisen.

Die vorliegenden zahlreichen Begutachtungen sind theilweise in recht kurzer Zeit nach Veröffentlichung des Entwurfs erschienen und größtentheils von Männern verfaßt, welchen neben diesen Arbeiten die Erledigung umfangreicher Berufsgeschäfte oblag. Jeder Zweifel daran, daß die Begutachtungen auf vollem Verständniß des Entwurfs beruhen, ist aber ausgeschlossen. In der praktischen Rechtsprechung ist bereits bei Erörterung der sog. allgemeinen Grundsätze in den Urtheilsgründen ausgesprochen: „In dieser Beziehung genügt es, auf den Entwurf und die Begründung zu demselben hinzuweisen,“ und damit klar gestellt, daß die Verständlichkeit des Entwurfs für die Anwendung bei Entscheidung von Rechtsstreitigkeiten außer Zweifel steht. Die von den Steuer- und Wirthschaftsreformern scharf und folgerichtig erhobenen abweichenden Forderungen erweisen volles Verständniß der Vorschläge des Entwurfs. Das Gleiche lassen die bisher von Handelskammern erstatteten Gutachten erkennen. Endlich enthalten die bekannt gemachten Lektionskataloge von Universitäten (so Heidelberg, Königsberg, Leipzig) wie für frühere Semester, so auch für das Semester 1889/90 Ankündigungen juristischer Vorlesungen „unter Berücksichtigung der Bestimmungen des Entwurfs“. Die Rechtslehrer haben mithin die Ueberzeugung gewonnen, daß sich der Entwurf dem Verständniß der Studirenden, bei richtiger Anleitung, nicht entzieht.

Diese Thatsachen ergeben, daß der Entwurf von den Fachjuristen, sowie auch von gebildeten Laien im Zusammenwirken mit zugezogenen Juristen alsbald richtig verstanden worden ist, und daß von maßgebender Seite in dem Entwurf eine brauchbare Unterlage für die Lehre der Rechtswissenschaft erblickt wird.

Ob die aufgestellten weitergehenden Anforderungen berechtigt sind, wird sich füglich bezweifeln lassen. Der Entwurf enthält innerhalb der Grenzen, die er sich gesteckt hat, die Ordnung des bürgerlichen Rechts auf wissenschaftlicher Grundlage; er kann deshalb nicht von Jedem, der sich ein gewisses Maß allgemeiner Bildung erworben hat, bei bloßem Durchlesen in seinem Zusammenhang und in seinen einzelnen Theilen verstanden werden; dazu gehört Studium, und zwar ernstes Studium nicht nur des Entwurfs, sondern auch der Grundlagen, auf welchen er beruht. Das kann aber kein Hinderniß sein, die baldige Herstellung eines dem Entwurf entsprechenden allgemeinen bürgerlichen Gesetzbuchs für das Deutsche Reich zu erstreben.

Ob bei ganz einfachen Verhältnissen die Kenntniß des geschriebenen oder nicht geschriebenen Rechts jemals derart Gemeingut gewesen ist, daß Jeder seine rechtlichen Angelegenheiten ohne Beihilfe eines Fachmanns selbst besorgen konnte, kann dahin gestellt bleiben. Bei weiterer Entwickelung der Verhältnisse des Lebens und Verkehrs ist das niemals der Fall gewesen.

Im alten Rom mag die Kenntniß der Hauptsätze der 12 Tafeln Gemeingut der Mehrzahl der Bürger gewesen sein. Davon aber ist nichts überliefert, daß auch die Bestimmungen des prätorischen Edikts, auf welchen vielfach die praktische Anwendbarkeit der Privatrechtssätze beruhte, allgemein bekannt gewesen seien, und es fehlt jeder Anhalt für die Annahme, daß Kenntniß und Verständniß der Gutachten angesehener Rechtsgelehrter, welche für die Entscheidung eines Rechtsstreiis den Werth von Gesetzen haben konnten und meistentheils hatten, in weiteren Kreisen verbreitet waren. Im Gegentheil läßt sich wohl die Ansicht vertreten, daß über die für Erledigung eines Privatrechtsstreits maßgebenden Rechtssätze und Vorschriften auch damals schon nur derjenige sich selbst unterrichten konnte, welcher sich mit der Rechtswissenschaft durch Studium vertraut gemacht hatte.

Cicero, der als hochgebildeter und im öffentlichen Leben stehender Mann gewiß wußte, was zu seiner Zeit in Rom Rechtens war, hat in einer der uns überlieferten Vertheidigungsreden unumwunden ausgesprochen, daß er zur Durchführung einer einfachen Angelegenheit vor Gericht rechtskundigen Beistandes bedürfen würde.

Der Kaiser Justinian hat seinen Erlaß, durch welchen er die Institutionen veröffentlicht, an die Studirenden der Rechtswissenschaft, die cupida legum juventus gerichtet; er bezeichnet als Inhalt des Werks die ersten Elemente der gesammten Rechtswissenschaft und giebt als Zweck desselben an, daß die Studirenden fortan die Uranfänge der Gesetze durch den Glanz der kaiserlichen Autorität sollen kennen lernen. Daraus geht hervor, daß die Zusammenstellung der einfachsten Rechtsgrundsätze zur Belehrung derjenigen, welche die Rechtswissenschaft zu ihrem Beruf erwählen, bestimmt, nicht aber als Lesebuch für jeden Gebildeten gedacht ist, und ferner, daß die Kenntniß dieser einfachsten Grundsätze keineswegs als eine allgemeine vorausgesetzt ist, sondern auf Grund einer wissenschaftlichen Zusammenstellung durch Studium erworben werden soll.

Bei den deutschen Volksstämmen mag die Kenntniß der in den Volksrechten enthaltenen hauptsächlichsten Privatrechtssätze und später in ähnlicher Weise die Kenntniß des Sachsenspiegels und Schwabenspiegels ziemlich allgemein gewesen sein. Bei Erledigung der Rechtsangelegenheiten mußten aber Personen mitwirken, die sich eine gewisse Fachbildung erworben hatten. Zur Leitung der Verhandlungen der Volksgerichte gehörte eine solche, und wenn die Schöffen den Beruf hatten, das Recht zu „weisen", so heißt das nicht, daß sie nach ihrem freien, nur durch ihr Gewissen geleiteten Ermessen die Entscheidung des einzelnen Falles zu finden hatten; ihr Spruch sollte vielmehr auf ihrer Kenntniß des geltenden Rechts und namentlich auf ihrer Kenntniß der bisherigen Auslegung und gleichmäßigen Anwendung desselben beruhen. Die Gewöhnung, mit dem Eindringen des Römischen Rechts in Deutschland die Entwickelung eines gelehrten Juristenstandes im Gegensatz zu den früheren Zuständen anzubahnen, kann leicht irre führen. Auch vorher erforderte die Erledigung von Rechtsangelegenheiten Fachkenntnisse. Dieselben wurden allerdings nicht durch das Studium des Corpus Juris auf Universitäten, wohl aber durch thätige Mitwirkung bei der Rechtspflege und durch Erfahrung erworben. Das benahm ihnen keineswegs den Charakter von Fachkenntnissen, so daß auch damals die „Rechtsunkundigen" in ihren Rechtsangelegenheiten sich an „Rechtskundige" wenden mußten.

Für die Jetztzeit mag der gebildete Laie, welcher sich über die möglichen Folgen eines einfachen Vertragsverhältnisses für den Fall des Eintritts oder Nichteintritts einer gesetzten Bedingung, für den Fall des Todes oder Vermögensverfalls eines Betheiligten, für den Fall des Untergangs des Vertragsgegenstandes u. dergl. klar werden will, nach seinem Belieben wählen, ob er die erforderliche Belehrung im Preußischen Landrecht, in einem andern deutschen Partikularrecht, im Gemeinen Recht oder im Code suchen will. Er wird sich bald davon überzeugen, daß es für ihn unerläßlich ist, zunächst einen Ueberblick über die allgemeinen Grundsätze des ausgewählten Rechts zu gewinnen und sodann eine recht erhebliche Anzahl einzelner Lehren genau einzusehen. Der Versuch, die gewünschte

Belehrung zu erhalten, wird mithin zu dem Ergebniß führen, daß ein Rechtsstudium nothwendig ist, welchem sich derjenige, der einen andern Beruf erwählt hat und ausübt, kaum unterziehen kann. Außerdem wird, auch nach Ueberwindung aller Schwierigkeiten, meistentheils in gewissem Grade das Bedenken zurückbleiben, ob nicht die Befragung eines bewährten Fachjuristen kürzer und einfacher zu einem überdies in höherm Maße verbürgten Ergebniß geführt hätte.

Wenn in früheren Zeiten und auch heute noch bei anderen Völkern eine weiter verbreitete Kenntniß des bei ihnen geltenden Privatrechts troß der wissenschaftlichen Grundlage desselben zu beobachten ist, als gegenwärtig bei uns in Deutschland, so ist der Hauptgrund für diese Erscheinung an einer weitergehenden Antheilnahme der Nichtjuristen an der Ausübung der Rechtspflege zu suchen. In welchem Maße eine solche im Alterthum und bei unseren Vorfahren stattfand, ist bekannt. Aber auch heute, wo grundsätzlich die Ausübung der wichtigsten Zweige der Rechtspflege einem gelehrten Juristenstand übertragen ist, machen sich die Wirkungen einer weitgehenden Heranziehung von Nichtjuristen unzweideutig bemerkbar.

In Frankreich bestehen gegen 2500 Anwaltsstellen und ungefähr 9000 Notariatsstellen, deren Inhaber nicht die für den gelehrten Richter- und Advokatenstand erforderte wissenschaftliche Ausbildung nachzuweisen haben, sondern auf Grund einer vorwiegend praktischen Schulung zur Anstellung gelangen. Außerdem liegt ein großer Theil der Rechtsprechung in Frankreich in der Hand von über 200 Handelsgerichten und gegen 3000 Friedensgerichten. Das rechtsprechende Personal bei den Handelsgerichten, welches ausschließlich aus dem Kaufmannsstande gewählt wird, besteht bei den einzelnen Gerichten aus je einem Präsidenten und mindestens drei Richtern nebst zwei Ergänzungsrichtern und höchstens 15 Richtern nebst 22 Ergänzungrichtern. Die Friedensrichter, sowie die in Behinderungsfällen zu ihrer Vertretung berufenen Ergänzungsrichter werden aus angesehenen Angehörigen der verschiedensten Berufsstände entnommen. Dadurch wird ein gewisses Maß von Kenntniß des bürgerlichen Rechts und der Proceßgesetze in weiten Kreisen verbreitet, wobei sich für die Bekanntschaft mit dem geltenden

Recht die Fassung der Gesetze im Großen und Ganzen als einflußlos erweist.

Daraus erklärt es sich, daß, obgleich Jedermann bei dem Versuche scheitern würde, aus den Bestimmungen des Code allein, ohne eingehendes Studium wissenschaftlicher Hilfsmittel, eine zutreffende Kenntniß des französischen Erbrechts und ehelichen Güterrechts zu gewinnen, die Friedensrichter und Handelsrichter, welche letzteren in Fallimentssachen nicht selten auf zweifelhafte, den bezeichneten Gebieten angehörige Fragen stoßen, sehr wohl sich damit abzufinden wissen. Auch die Anwälte und Notare sehen sich nur in ganz besonders verwickelten Fällen veranlaßt, bei Behandlung der ihnen anvertrauten Angelegenheiten Gutachten hervorragender Rechtsgelehrter einzuholen. Der Umstand, daß die Gesetze auf wissenschaftlicher Grundlage abgefaßt sind und daß demgemäß das wissenschaftliche Verständniß derselben nur durch berufsmäßiges Studium erlangt werden kann, bietet kein Hinderniß, daß der wesentliche, in der Mehrzahl der Fälle maßgebende Inhalt des geltenden Rechts Gemeingut des gebildeten Theils der Bevölkerung werden kann.

Die Reichsgesetzgebung hat die Heranziehung des Laienthums zur Rechtsprechung durch die Errichtung der Schöffengerichte und der Kammern für Handelssachen in bedeutsamer Weise angebahnt und dadurch auch die Möglichkeit geboten, viele gesetzliche Bestimmungen weiteren Kreisen zum Verständniß zu bringen. Dabei ist aber dem Gedanken, daß die richtige Auslegung und Anwendung des geltenden Rechts auf der Grundlage der erforderlichen wissenschaftlichen Vorbildung gewiß gesichert erscheint, dadurch Rechnung getragen, daß in den bezeichneten Spruchkollegien zwar die Laien die Mehrheit haben, zum Vorsitzenden aber ein Fachjurist bestimmt ist.

In Ansehung der aufgestellten Forderung, daß die sämmtlichen Bestimmungen eines bürgerlichen Gesetzbuches derart gefaßt sein sollen, daß sie dem Verständniß seitens eines gebildeten Laien keine besonderen Schwierigkeiten bereiten, ist auch darauf hinzuweisen, daß häufig die Fragen, welche geregelt werden sollen, sich dem Verständniß der Nichtjuristen mehr oder weniger entziehen, so daß in Wirklichkeit nicht die Fassung, sondern der Gegenstand selbst die Ursache ist, daß die vorgeschlagenen Bestimmungen schwer verständlich erscheinen.

Der Entwurf stellt zunächst nicht nur bei den allgemeinen Lehren, sondern auch bei den einzelnen Rechtsangelegenheiten die leitenden Grundsätze auf, muß dann aber, soweit bei etwaigen Eventualitäten sich eine Abweichung von den allgemein gültigen Grundsätzen ergiebt, auch hierfür die erforderliche Regelung vorsehen. Diese Aufgabe wird, unter glücklicher Vermeidung der Kasuistik, durch abstrakt gefaßte Vorschriften gelöst, welche das Gebiet ihrer Anwendbarkeit dem Laien beim bloßen Lesen nicht erkennbar machen und deshalb schwer verständlich erscheinen.

In dieser Beziehung hat ein Rechtslehrer bei Erörterung des Rechts der Schuldverhältnisse ausgesprochen: „Der Entwurf beschränkt sich im Wesentlichen auf die Regelung derjenigen Eventualitäten, an welche man beim Abschluß eines Geschäfts gewöhnlich nicht denkt, oder welche man nicht erwähnen will oder kann, für welche daher eine Ergänzung der von den Parteien getroffenen Vereinbarungen ein dringendes Bedürfniß ist". Als Beispiele sind angeführt: Unmöglichkeit der Leistung, Tod der Parteien, Eviktion (d. h. Gewährsleistung für Mängel in dem Rechte des Veräußerers), Mängel, Uebergang der Gefahr, Verjährung. Alles das kann ersichtlich nach der einen oder andern Richtung hin von einschneidender Bedeutung sein, auch wenn es sich nicht um das Recht der Schuldverhältnisse im engern Sinne handelt, sondern Rechte und Pflichten in Frage stehen, welche aus anderweiten Verhältnissen hergeleitet werden. Als Beispiele können angeführt werden: Vermischung und Verarbeitung fremder und eigener Sachen, Verwandtschaft, Verwendungen in Sondergut des einen oder andern Ehegatten, gesetzliche und testamentarische Erbfolge, Verpflichtung vorausempfangene Gegenstände zur Erbschaft zurückzugewähren u. s. w. In diesen, sowie überhaupt in allen rechtlichen Angelegenheiten, können Eventualitäten eintreten, welche von den Betheiligten nicht geordnet sind, theils weil sie nicht daran gedacht haben, theils weil sie dieselben überhaupt nicht vorhersehen und daher auch nicht daran denken konnten. Erwägt man dazu, daß außerordentlich häufig die vorliegenden Willenserklärungen von Betheiligten verschiedener Auslegung fähig sind, so wird man sich der Erkenntniß nicht verschließen, daß selbst bei dem einfachsten Rechtsverhältniß die Zahl der Schwierigkeiten, zu welchen dasselbe möglicherweise Anlaß bieten kann, nahezu unbeschränkt ist. Trotzdem soll und will das Gesetz die Richtschnur zur Lösung derselben im Voraus geben. Diese Aufgabe wird als erfüllt zu erachten sein, wenn die vorgesehene Lösung sich als zutreffend erweist, sollten auch die anzuwendenden Bestimmungen so gefaßt sein, daß zu vollem Verständniß derselben juristisches Studium gehört. Ein Mehreres wird auch durch die Bedürfnisse des Lebens und Verkehrs nicht gefordert. Die Möglichkeit von Eventualitäten, welche zu Schwierigkeiten und Streitigkeiten Anlaß bieten können, ist, wie vorher bemerkt worden, bei jedem Rechtsverhältniß gegeben, der wirkliche Eintritt eines solchen Ergebnisses ist aber verhältnißmäßig äußerst selten. In Preußen sind während der Jahre 1883 bis 1888 bei einer Einwohnerzahl von jedenfalls mehr als 25 Millionen bis gegen 30 Millionen seitens der sämmtlichen Landgerichte auf Verhandlungen in erster Instanz und in der Berufungsinstanz nach den amtlichen Bekanntmachungen jährlich noch nicht voll 50,000 kontradiktorische Urtheile erlassen. Nur in dieser Anzahl sind mithin aus Rechtsverhältnissen Schwierigkeiten von erheblicher Bedeutung erwachsen, welche eine richterliche Entscheidung auf Grund mündlicher gegenseitiger Verhandlung über die Sache erforderlich gemacht haben.

Da jeder Mensch von Geburt an, sei es auch nur zufolge der Verwandtschaft, in Rechtsverhältnissen steht, aus denen sich Streitigkeiten entwickeln können, und da täglich ungezählte Rechtsverhältnisse begründet werden, welche theils an sich, theils im Zusammenhang mit dem Eintritt irgend einer nicht vorhergesehenen Eventualität den Keim zukünftiger Rechtsstreitigkeiten in sich tragen, so beweisen die vorangeführten Zahlen wohl, daß es völlig unwirthschaftliche Vergeudung der Zeit wäre, wenn im Verkehr seitens der Betheiligten Mühe und Arbeit darauf verwendet werden sollte, um das Verständniß von Gesetzesbestimmungen zu gewinnen, welche vielleicht beim Eintritt unvorhergesehener Schwierigkeiten zur Anwendung kommen können. Außerdem lehrt die Erfahrung, daß meistentheils, wenn eine derartige Mühe und Arbeit aufgewendet wird, der Erfolg ein geradezu schädlicher ist. Amtsrichter und Anwälte bezeugen übereinstimmend, daß rechtsuchenden Laien, welche mit der Kenntniß des Gesetzes beladen zu ihnen kommen, am schwersten zu helfen ist. Davon, daß die von ihnen auf Grund der Lektüre des

Gesetzes gewonnene Auffassung irgendwo unrichtig sein könne, lassen sie sich nicht überzeugen und verschließen sich hartnäckig jeder Belehrung über den richtigen Weg, auf welchem sie zu ihrem Rechte gelangen können.

Ueberhaupt möge man doch bei Vertheidigung des Wunsches, daß Jedermann die erforderliche Belehrung über seine Rechte und Pflichten aus dem Gesetze selbst entnehmen könne, die Erwägung nicht außer Acht lassen, daß vor Allem Unbefangenheit dazu gehört, um ein Gesetz und dessen Anwendung auf den einzelnen Fall richtig zu verstehen. Aus den Kreisen der Anwaltschaft ist unverhohlen ausgesprochen, daß unter allen Klienten die Juristen die schlimmsten seien, und das wird, wenn auch nicht in dieser Allgemeinheit, so doch vielfach zutreffen, denn Sachkenntniß und Voreingenommenheit geben eine bedenkliche Mischung. In eigner Sache ist aber Niemand unbefangen, sondern Jeder mehr oder weniger voreingenommen. Das verdient und findet, nicht nur bei Processen, sondern namentlich auch bei Vertragsschlüssen Berücksichtigung. Die Gesetze schreiben gerichtliche oder notarielle Form vor und die Betheiligten wählen vielfach freiwillig eine solche nicht nur wegen der größeren Sicherheit, welche eine authentische Beurkundung der Verabredungen durch einen Rechtskundigen gewährt, sondern auch um deshalb, weil die Zusammenfassung der beiderseitigen Erklärungen durch einen unbetheiligten und deshalb unparteiischen Dritten unverkennbare Vorzüge hat.

Das Streben, die Gesetzeskenntniß zu verbreiten, darf nicht zu weit getrieben werden. Die Angelegenheiten, deren Kenntniß für Jedermann erforderlich ist, sollen durch das Gesetz dem allgemeinen Rechtsgefühl entsprechend geregelt sein, und hierüber wird Jedermann durch das Leben selbst belehrt. Die außerdem unumgänglich nothwendigen Bestimmungen, welche die Herstellung des der Rechtsordnung entsprechenden Zustandes beim Hervortreten besonderer Schwierigkeiten bezwecken, entziehen sich fast durchweg dem richtigen Verständniß, falls nicht ein vollständiges Studium darauf verwendet werden kann. Halbes und mangelhaftes Verständniß, wie es durch bloßes Lesen des Gesetzes erreicht werden kann, stellt sich nicht als Eindringen von Rechtskenntniß in Laienkreise dar, sondern wirkt schädlich.

V.

Der Einfluß des Römischen Rechts.

Die ursprünglich als unabweislich hingestellte Forderung einer rein deutschrechtlichen Grundlage für das zukünftige Gesetzbuch erscheint zur Zeit wohl bereits etwas abgeschwächt. Der Hauptvertreter derselben hat von vorneherein anerkannt, daß das deutsche Recht in dem Entwurf fast das ganze Familienrecht, einen großen Theil des Sachenrechts, wichtige Stücke des Obligationenrechts und Erbrechts, sowie einige Sätze des allgemeinen Theils erfüllt. Demgemäß ist das Verlangen im Wesentlichen auf Abstreifung des römischen Gewandes, in welchem der Entwurf auftritt, gerichtet. Dem gegenüber ist gleichfalls aus Universitätskreisen hervorgehoben: „Wir wollen ein deutsches Recht, aber deutsch ist auch das, was die Römer für die ganze Welt erdachten, und was unser Volk mit Noth und Schmerzen, mit gewaltiger Gedankenarbeit und rastloser Selbsterziehung sich zu echtestem Eigen gemacht hat."

Da vielleicht Mancher denkt, daß er keinen Beruf habe, sich über eine Meinungsverschiedenheit von Professoren der Rechtswissenschaft eine Ansicht zu bilden, so kann es am Platz sein, zu erwähnen, wie Leopold von Ranke sich in seiner Weltgeschichte über die Bedeutung des Römischen Rechts ausspricht. Nachdem er das Ende der Rechtsgelehrten Papinian und Ulpian dargestellt hat, fährt er fort: „Aber ihr Werk, die zum System gereifte Rechtswissenschaft, blieb bestehen, mochten sie leben oder nicht. Es ist allmählig immer mehr das Gesetz der Welt geworden. Man erinnert sich kaum, daß es aus dem Urgrund pontifikaler Satzungen aufgewachsen ist; aber unter stetem Konflikt mit den allgemeinen Ereignissen und den besonderen Vorgängen in Rom. Das Römische Recht ist wie ein Baum von tiefen Wurzeln, welcher die Welt überschattet."

Erwägt man auf Grund solcher Anschauung die Thatsache, daß das Römische Recht vor Jahrhunderten in ganz Deutschland Eingang gefunden hat und theils in dem Gemeinen Recht in unmittelbarer Geltung, theils als unbestreitbare Grundlage der neueren

Kodifikationen mittelbar noch fortbesteht, so wird man sich wohl der Ansicht zuneigen, daß der Entwurf eines deutschen Gesetzbuchs allein deshalb, weil er in römischem Gewande auftritt, nicht zu beanstanden ist.

Insoweit der Beweis geführt werden kann, daß Deutsches mit Gesetzeskraft geltendes Recht nach den Vorschlägen des Entwurfs unberücksichtigt bleiben oder gar ungebührlich zurückgedrängt werden soll, wird das Bestreben, eine angemessene Aenderung der betreffenden Bestimmungen zu erwirken, nicht ohne Erfolg bleiben. Ebenso wird berechtigten Wünschen, bei dem Ausbau der einzelnen Rechtsinstitute dem Einfluß deutschrechtlicher Anschauungen, soweit thunlich, Raum zu geben, Berücksichtigung nicht versagt werden.

Unter der Voraussetzung, daß sich in den angedeuteten Beziehungen jede Unterdrückung des Deutschen Rechts durch das Römische vermeiden läßt, wird auch der dem letztern auf den Inhalt der von dem Entwurf vorgeschlagenen Rechtssätze eingeräumte Einfluß nicht zu beanstanden sein. Namentlich ist dabei zu berücksichtigen, daß die Bestimmungen des Entwurfs jedenfalls zu dem Ergebniß führen werden, den Einfluß des Römischen Rechts, insoweit er für die heutige Rechtspflege als verderblich zu bezeichnen ist, mit Erfolg zurückzudrängen. Das noch heute nothwendige Zurückgehen auf das Römische Recht beschränkt sich keineswegs darauf, die allgemeinen Grundsätze des Rechts zu ermitteln, führt vielmehr nicht selten dazu, daß Aussprüche, welche theilweise vor mehr als Anderthalb Tausend Jahren mit Bezug auf völlig anders geartete Verhältnisse ergangen sind, unmittelbar auf Verhältnisse der Jetztzeit zur Anwendung gebracht werden. In dieser unmittelbaren Anwendung liegt aber hauptsächlich das Verderbliche des Einflusses des Römischen Rechts, dadurch wird dem Fremden, für uns nicht mehr Passenden eine allerdings unberechtigte Herrschaft gesichert. Der Entwurf nimmt den unvergänglichen Ideengehalt des Römischen Rechts auf und verwerthet denselben nach seinem System, dabei schiebt er aber zugleich einen Riegel vor, daß beispielsweise ferner für die Entscheidung darüber, welche Eigenschaften eine verkaufte Sache haben soll, oder darüber, ob und beziehungsweise wann das Eigenthum an einer Sache von dem Einen auf den Andern übergegangen ist, sogenannte „Gesetze“ herangezogen werden, welche von dem Verkauf von Sklaven handeln oder nur dann zutreffend verstanden werden können, wenn man berücksichtigt, daß der alte Jurist, dessen Werken die Stelle entlehnt ist, nicht von einer Uebergabe (traditio), sondern von dem veralteten Institut der mancipatio gesprochen hat.

Neuerdings ist gesagt worden, daß von dem Preußischen Landrecht und von dem Französischen Rechte, von jedem für sein Gebiet, eine Verschmelzung nicht blos des römischen und germanischen Rechtsstoffs, sondern auch der römischen und germanischen Rechtsidee zu Stande gebracht sei, und daß dieser Vorgang durch den Entwurf annullirt werde. Unter der Voraussetzung, daß derselbe zum Gesetz erhoben werde, ist bemerkt: „Zwei Drittheile des deutschen Volkes, die für immer von der Fremdherrschaft befreit zu sein glaubten, sind mit einem Schlage in die alte Dienstbarkeit zurückgeschleudert." Darauf ist zu entgegnen, daß in Zukunft nur das herrschen wird, was als Deutsches Reichsrecht festgestellt worden ist. Darüber, ob dabei der römischen Rechtsidee ein weniger weitgehender Einfluß hätte eingeräumt werden sollen, wird sich streiten lassen. Der Vorwurf aber kann als berechtigt nicht anerkannt werden, daß die Annahme der Vorschläge des Entwurfs zu einer Befestigung oder gar Erweiterung der Fremdherrschaft führen könnte. Ein dem Entwurf entsprechendes Gesetzbuch wird vielmehr, soweit die Ausübung der Rechtspflege in Frage kommt, das ganze deutsche Volk für immer von der Fremdherrschaft wirklich und nicht nur scheinbar befreien.

Das aufgestellte Verlangen, dem zukünftigen bürgerlichen Gesetzbuch eine rein deutschrechtliche Grundlage zu geben, scheint nach dem gegenwärtigen Zustande des Rechtslebens und der Rechtswissenschaft nothwendig die Voraussetzung in sich zu schließen, zunächst die weitere Entwickelung der geforderten Grundlage und den Sieg der damit gegebenen Anschauungen über abweichende Ansichten abzuwarten. Alsdann läßt sich aber nicht bestreiten, daß in Wirklichkeit Einspruch dagegen erhoben wird, zur Zeit überhaupt einen Kodifikationsversuch zu machen. Auch wenn das aufgestellte Verlangen in dem eingeschränkten Sinne aufgefaßt werden kann, daß von dem gegenwärtig bereits gewonnenen wissenschaftlichen Standpunkt aus ein Gesetzbuch auf deutschrechtlicher Grundlage hergestellt werde, so würden die erheblichsten Bedenken entgegenstehen, diesen Weg zu betreten. Darüber, auf welche Weise in Angelegenheiten von größerem Umfange oder in Einzelbestimmungen der deutschrechtlichen Grundlage Rechnung getragen werden soll, sind Vorschläge nicht gemacht, namentlich fehlen formulirte, zur Aufnahme in ein Gesetzbuch geeignete Vorschläge gänzlich. Die Ausarbeitung eines Entwurfs in dem gewünschten Sinne müßte daher eine vieljährige Arbeit erfordern, für deren Gelingen vorweg eine greifbare Gewähr nicht gegeben wäre. Aber selbst unter der Voraussetzung einer glücklichen Vollendung der Arbeit könnte dann weiter nicht unerwogen bleiben, ob die zur Anwendung eines solchen neuen Rechts berufenen Personen hierzu in genügender Weise vorbereitet sein würden. Bisher sind und werden die zur Mitwirkung bei der Rechtsprechung Berufenen zu juristischem Denken auf der Grundlage des Römischen Rechts angeleitet und geschult. Wenn das bürgerliche Recht diese Grundlage aufgeben sollte, so müßte sich von selbst der Zweifel ergeben, ob die richtige Anwendung des neuen Rechts ohne vorherige entsprechende Anleitung und Schulung des Juristenstandes als gesichert erachtet werden könnte. Es würde nicht ausgeschlossen sein, daß die Einführung eines solchen Rechts von vorgängiger durchgreifender Aenderung des gesammten Rechtsstudiums abhängig gemacht werden müßte. Alsdann wäre eben die Herstellung der Rechtseinheit in absehbarer Zeit überhaupt aufgegeben.

Völlig anders liegt die Sache, wenn mit dem Entwurf an der bisherigen römischrechtlichen Grundlage festgehalten wird. Das Rechtsstudium bedarf keiner Aenderung im eigentlichen Sinne. Für den zukünftigen Universitätsunterricht hat ein Rechtslehrer den Satz aufgestellt: „Die Pandekten gehen über in das Recht des bürgerlichen Gesetzbuchs," und von seiten eines Richters ist hervorgehoben: „Die studirende Jugend wird ganz anders vorbereitet als jetzt von den Hörsälen in das praktische Leben übertreten." Damit sind Erwartungen und Hoffnungen ausgesprochen, für deren vollständige Erfüllung sich allerdings Niemand verbürgen kann. Daran aber wird kein begründeter Zweifel bestehen, daß der nothwendige Einfluß des zukünftigen Gesetzbuchs auf die Gestaltung des Rechtsstudiums, falls die auf den bestehenden historisch herausgewachsenen

Zuständen beruhende Grundlage des Entwurfs festgehalten wird, in vielen Beziehungen eine durchgreifendere Ausbildung der jungen Juristen für die praktische Seite ihres Berufs fördern wird, ohne den wissenschaftlichen Gehalt des Studiums irgendwie zu beeinträchtigen.

Als Ergebniß der Betrachtung des gegenwärtigen Zustandes der ganzen deutschen Rechtswissenschaft und der Ausbildung der deutschen Juristen hat denn auch ein Rechtslehrer betont: „So müssen wir den Entwurf, ohne tiefgreifende Umarbeitung, wenn auch mit Verbesserungen im Einzelnen, zum Gesetz erheben.“ Wer sich durch seine Ueberzeugung gedrängt fühlt, hiergegen Bedenken zu erheben, der möge den Gesichtspunkt nicht aus den Augen lassen, daß die Berücksichtigung derselben sehr leicht das Zustandekommen des ganzen Gesetzgebungswerkes gefährden kann.

VI.

Der Vorwurf sachlicher Unvollständigkeit.

Der Entwurf und das beigefügte Einführungsgesetz behalten wichtige und umfangreiche Angelegenheiten der Regelung durch die Landesgesetzgebung vor. In Folge dessen ist die Ansicht aufgestellt, daß der Entwurf wahre Rechtseinheit doch nicht schaffen werde, und die Befürchtung ausgesprochen, daß das neue bürgerliche Reichsrecht zu einer nur subsidiären Geltung gelangen und der Partikularismus Triumphe feiern werde.

Als warnendes Beispiel ist angeführt, daß bei der Alters- und Invalidenversicherung Landesversicherungsämter durchgesetzt seien. Dabei sind doch wohl verschiedenartige Gesichtspunkte in kaum zutreffender Weise miteinander vermischt. Wenn wirthschaftlichen und politischen Rücksichten auf die zur Ausführung eines Gesetzes zu schaffende Organisation Einfluß eingeräumt wird, so ist das an sich für das materielle Recht ohne Bedeutung; dessen Einheitlichkeit wird dadurch nicht gefährdet, insoweit klar ersichtlich ist, daß das aufgestellte materielle Recht unbedingt in erster Linie maßgebend sein muß.

An diesem Gesichtspunkt ist festzuhalten, damit der Bestimmung des Artikel 2 der Reichsverfassung, „daß die Reichsgesetze den Landesgesetzen vorgehen", ihre Geltung gewahrt bleibt. Davon haben die Verfasser des Entwurfs sich nicht entfernen wollen und deshalb verschiedentlich einzelne Materien ganz übergangen, weil sie zu der Ueberzeugung gelangt sind, daß nach der Natur derselben lediglich die Aufstellung subsidiärer reichsrechtlicher Normen ausführbar sein würde. Sollten, wie vereinzelt aufgestellt ist, die Bestimmungen des Entwurfs im Zusammenhang mit den für die Landesgesetzgebung vorgesehenen Vorbehalten zu der Erkenntniß führen, daß thatsächlich subsidiäres Reichsrecht in Vorschlag gebracht ist, so wird zweifellos über die erforderlichen entsprechenden Abänderungen Einverständniß erzielt werden. Soweit aber die den Reichsgesetzen nach dem angeführten Artikel 2 der Verfassung zukommende Bedeutung nicht in Frage gestellt erscheint, werden die Vorschläge, Materien von der reichsgesetzlichen Regelung auszuschließen, zu der Befürchtung, daß subsidiäres Reichsrecht geschaffen werde, keinen Anlaß bieten können. Ein derartiger Gang der Gesetzgebung ist bei der Herstellung des Deutschen Bundes, aus welchem sich das Reich entwickelt hat, ausdrücklich vorgesehen. Der Artikel VI des Schlußprotokolls zu dem Vertrage vom 23. November 1870, betreffend den Beitritt Bayerns zur Verfassung des Deutschen Bundes, lautet wörtlich:

> „Als unbestritten wurde von dem Königlich Preußischen Bevollmächtigten zugegeben, daß selbst bezüglich der der Bundeslegislative zugewiesenen Gegenstände die in den einzelnen Staaten geltenden Gesetze und Verordnungen in so lange in Kraft bleiben und auf dem bisherigen Wege der Einzelngesetzgebung abgeändert werden können, bis eine bindende Norm vom Bunde ausgegangen ist."

Wenn somit der Ausschluß bestimmter Materien von der gesetzlichen Regelung der von vorne herein in Aussicht genommenen Entwickelung der Reichsgesetzgebung vollständig entspricht, so werden vorwiegend Fragen der Zweckmäßigkeit dafür entscheidend sein, ob den auf Ausschluß von Materien gerichteten Vorschlägen stattzugeben sei oder nicht. In erster Linie wird dabei selbstverständlich zu prüfen sein, ob ein solches, an sich zulässiges Verfahren doch vielleicht geeignet sein könne, die Entwickelung centrifugaler Kräfte und Bestrebungen zu fördern. Diese Frage wird aber unbedenklich verneint werden können. Jede gesetzgeberische Neuerung begegnet erfahrungsgemäß dem heftigsten Widerstande seitens derjenigen, welche an dem Alten festzuhalten wünschen, und bringt außerdem noch die Gefahr mit sich, daß sog. Kirchthurm-Interessen auf die Neugestaltung einen unerwünschten Einfluß gewinnen. Schon bisher hat die bloße Aussicht auf ein zukünftiges allgemeines bürgerliches Gesetzbuch bei der Fortentwickelung der Landesgesetzgebung vielfach dazu geführt, einerseits dem Argument, daß eine in Vorschlag gebrachte Neuerung voraussichtlich dem Geist dieses Gesetzbuches entsprechen werde, ein ausschlaggebendes Gewicht zu verschaffen, und andrerseits den Wünschen Einzelner durch den Hinweis, daß deren Erfüllung mit dem zukünftigen bürgerlichen Reichsrecht nicht wohl in Einklang zu bringen sein werde, erfolgreich entgegenzutreten. In beiden Beziehungen ist nach vollendeter Herstellung eines bürgerlichen Gesetzbuchs zu erwarten, daß dessen Einfluß jede bedenkliche Abweichung von dem Reichsrecht unbedingt verhindern wird, besonders da es außer Zweifel steht, daß die Regierungen der Einzelstaaten stets bestrebt sind, in diesem Sinne zu wirken.

Bei Zuweisung von Rechtsmaterien an die Landesgesetzgebung haben sich die Verfasser des Entwurfs besonders von zwei Hauptserwägungen leiten lassen. Als maßgebend ist es erachtet, daß gewisse Rechtsinstitute überhaupt nur von örtlicher Bedeutung seien, nach ihrer Ausbildung in den einzelnen Geltungsgebieten die erforderliche Unterlage zur Aufstellung allgemeingültiger Grundsätze noch nicht zu liefern vermöchten und voraussichtlich, auch wenn sich diese Schwierigkeit überwinden ließe, außerhalb ihrer bisherigen Geltungsgebiete mit Entschiedenheit zurückgewiesen werden würden. Derartigen Erwägungen wird sich nur in der Weise begegnen lassen, daß formulirte, in den Rahmen des zukünftigen Gesetzbuches einzufügende Vorschläge zur Regelung solcher Rechtsinstitute aufgestellt werden und die Entscheidung über Annahme oder Nichtannahme derselben herbeigeführt wird. Ferner ist von den Verfassern des Entwurfs die Aufstellung von Vorschlägen zu reichsgesetzlicher Regelung abgelehnt, weil die betreffenden Materien in öffentlich-rechtliches Gebiet hinübergreifen. Die in dieser Beziehung gegen den

Entwurf erhobenen Angriffe sind unter Anderm auch durch den Hinweis darauf begründet worden, daß in dem Entwurf eine recht erhebliche Zahl von Bestimmungen Aufnahme gefunden hat, die unzweifelhaft öffentliches Recht berühren, so daß nicht erfindlich sei, warum sich die Verfasser nach anderen Richtungen hin Beschränkungen auferlegt haben. Darauf läßt sich vom juristischen und gesetzgeberischen Standpunkt aus folgendes entgegnen. Die aufgenommenen öffentlich-rechtlichen Bestimmungen stehen mit dem Privatrecht in einem derartig untrennbaren und wesentlichen Zusammenhang, daß ohne dieselben die vollständige einheitliche Regelung rein privatrechtlicher Verhältnisse unmöglich gewesen und somit eine nicht auszufüllende Lücke gelassen worden wäre. Für den Ausschluß von Vorschriften, welche in öffentliches Recht hinübergreifen, ist dagegen ersichtlich die Erwägung maßgebend gewesen, daß dieselben, losgelöst von anderen Gebieten des öffentlichen Rechts, nur unvollständig behandelt werden könnten, wobei trotzdem die Gefahr einer unliebsamen Verquickung des Privatrechts und des Staatsrechts kaum zu vermeiden sein würde.

Von einem nähern Eingehen auf diesen Punkt kann Abstand genommen werden, da es sich durch kritische Erörterungen schwerlich feststellen läßt, ob die Kommission bei Ausscheidung des öffentlichen Rechts die richtigen Grenzen inne gehalten hat. Für die Frage, in welcher Ausdehnung ein bürgerliches Gesetzbuch Materien des öffentlichen Rechts in den Bereich seiner Regelung zu ziehen habe, können Erwägungen der Rechtswissenschaft und Gesetzgebungstechnik nicht ausschlaggebend sein, hier muß vielmehr die Entscheidung seitens der gesetzgebenden Faktoren erfolgen, für welche in erster Linie politische Rücksichten von Bedeutung sind. Nach Artikel 5 der Reichsverfassung wird die Reichsgesetzgebung durch den Bundesrath und den Reichstag ausgeübt. Der Bundesrath, welcher zu prüfen hat, ob ein ausgearbeiteter Entwurf eines bürgerlichen Gesetzbuchs zur Vorlegung an den Reichstag geeignet sei, wird sich dabei zugleich darüber schlüssig machen, ob die von den Verfassern des vorliegenden Entwurfs geübte Beschränkung bei der Heranziehung von Materien des öffentlichen Rechts als unbedingtes Hinderniß zu erachten sei, diesen Entwurf in Vorlage zu bringen. Falls, wie zu hoffen steht, diese Vorentscheidung verneinend ausfällt, scheint es aber von selbst angezeigt, die endgültige Entscheidung darüber, was in den Bereich des Gesetzbuchs hineinzuziehen und was auszuscheiden sei, durch die Erzielung übereinstimmender Mehrheitsbeschlüsse des Reichstags und des Bundesraths zu erwirken.

Eine vorbereitende Ergänzung und Aenderung des Entwurfs nach dieser Richtung hin würde sich voraussichtlich auch dann als unnütz aufgewendete Mühe darstellen, wenn eine anders zusammengesetzte Kommission auf Grund erweiterter Instituionen des Bundesraths die Arbeit unternehmen sollte. Auf diesem Gebiet erscheint es kaum ausführbar, greifbar formulirte Vorschläge aufzustellen, ehe eine maßgebende Entscheidung über die inne zu haltenden Grenzen getroffen ist.

Uebrigens ist bezüglich der bemängelten Unvollständigkeit des Entwurfs darauf hinzuweisen, daß die Wünsche, noch anderweite Materien in den Bereich der reichsgesetzlichen Regelung einzubeziehen, allmählig immer mehr und mehr dahin gerichtet sind, diese Regelung durch Erlaß besonderer Gesetze zu bewerkstelligen. Ein derartiges Vorgehen wird sich gewiß empfehlen. Die erschöpfende Ordnung des Versicherungsrechts, des Verlagsrechts, des Wasserrechts und vieler anderer, von den Interessenten bezeichneten Materien müßte das Zustandekommen des Gesetzbuchs sehr verzögern und zu einer bedenklichen Ueberlastung desselben mit Specialbestimmungen führen, während die Kodifizirung jeder einzelnen Materie auf der Grundlage eines einheitlichen bürgerlichen Rechts verhältnißmäßig leicht sein würde. Gewiß mit Recht ist die Gabe des Entwurfs als eine „unter allen Umständen überreiche" bezeichnet, man möge sich daher hüten, durch Streben nach größerer Vollständigkeit die Annahme zu vereiteln.

Die Erfahrung lehrt, daß ein durch die Verhältnisse gebotener Verzicht auf Vollständigkeit der einheitlichen Gesetzgebung auf einem großen Gebiet ihren Werth nicht benimmt. Das Handelsgesetzbuch hat nicht nur die bei seiner Herstellung bereits vorhandene, den Bedürfnissen des Verkehrs entsprechende Regelung des Wechselrechts einfach unberührt gelassen, sondern auch von der Regelung wichtiger Materien, z. B. des Verlagsrechts und der Flußschifffahrt, Abstand genommen. Trotzdem wird die außerordentliche Bedeutung der durch den Erlaß des Handelsgesetzbuchs thatsächlich erzielten Rechtseinheit von keiner Seite in Zweifel gezogen, und es möchte wohl die Ansicht, daß es im Jahre 1861 gerathen gewesen wäre, das Handelsgesetzbuch nicht zu verkünden, vielmehr nach größerer Vollständigkeit zu streben, einen Vertheidiger überhaupt nicht finden.

VII.

Sociale und wirthschaftliche Forderungen.

In Ansehung des Verlangens, die socialen Aufgaben durch das Gesetzbuch zu lösen, kann die Frage aufgeworfen werden, inwieweit dasselbe mit einer Kritik des vorliegenden Entwurfs in nothwendigem Zusammenhange steht. Die Lösung der socialen Frage ist auf anderem Wege in Angriff genommen und wird auf demselben, wie sich namentlich nach den hochwichtigen Ergebnissen der letzten Reichstagssession hoffen läßt, in befriedigender Weise zum Abschluß gelangen. Keinenfalls konnte sich die Gesetzgebungs-Kommission zu Vorschlägen zur Lösung der in allen ihren Beziehungen in das öffentliche Recht hinübergreifenden socialen Frage für berufen halten. Dazu ist eine vorwiegende Mitwirkung von Staatsmännern und Politikern erforderlich; die ausschließlich aus Juristen zusammengesetzte Kommission hat daher wohl die Grenzen der ihr gestellten Aufgabe nach dieser Richtung hin richtig erkannt.

Sollte die Herstellung eines Entwurfs auf socialer Grundlage für angezeigt erachtet werden, so müßte sich zunächst der Bundesrath darüber schlüssig machen, ob er einer anderweiten Kommission einen dahin gehenden Auftrag ertheilen will. Wenn sich hiernach die von den Verfassern des vorliegenden Entwurfs in dieser Frage inne gehaltene Beschränkung nicht beanstanden läßt, so scheint wohl auch auf eine Verständigung mit den Vertretern der socialen und wirthschaftlichen Interessen gerechnet werden zu können. Alsbald nach Veröffentlichung des Entwurfs ist die hart klingende Bemerkung gemacht worden: „Die gewaltige wirthschaftliche Bewegung und, fügen wir hinzu, die tiefeinschneidende gesellschaftliche Reform, inmitten deren wir stehen, ist an den Verfassern des Entwurfs über dem Bienenfleiße, mit welchem sie die doppelte Foliantenreihe ihres

Materials zusammengetragen haben, unbemerkt vorübergegangen." Derselben Feder ist aber, außer vielfachen günstigen Urtheilen über den Entwurf im Ganzen und in einzelnen Theilen, auch der Satz entflossen: „Die allgemeine Genugthuung, mit welcher bis auf wenige ganz ablehnende Stimmen der Entwurf aufgenommen worden ist, schließt den Gedanken aus, daß er als sichere Grundlage für die Vollendung des Werks noch einmal in Frage gestellt werden könnte." Danach ist es wohl gerechtfertigt, auch anscheinend völlig absprechende Aeußerungen lediglich als den energischen, rückhaltlosen Ausdruck der eigenen als richtig erkannten Meinung aufzufassen, welcher mit dem stillschweigenden Vorbehalt der Oeffentlichkeit übergeben ist, daß überall der Weg der Verständigung auf der Grundlage des Entwurfs gesucht werden muß und gefunden werden wird.

Uebrigens hat der Entwurf das sociale Gebiet nicht grundsätzlich vermieden, vielmehr im Zusammenhange mit anderweiten privatrechtlichen Bestimmungen der Reichsgesetzgebung unzweideutig social-politische Fortschritte angebahnt.

Ob überhaupt das Verlangen gerechtfertigt werden kann, daß die bürgerliche Gesetzgebung den Besitzlosen etwas zuwende, wird bezweifelt werden dürfen, dagegen anzuerkennen sein, daß angemessener Schutz der wirthschaftlich Schwachen und Erleichterung der Rechtsverfolgung begründeter Ansprüche allerdings Aufgaben der bürgerlichen Gesetzgebung sind, insoweit man darunter die Regelung aller rechtlichen Angelegenheiten begreift, welche nicht ganz ausschließlich dem öffentlichen Recht angehören. In den angedeuteten Beziehungen scheint aber zur Lösung der Aufgaben mehr geschehen und bezw. vorgesehen zu sein, als gemeinhin anerkannt wird.

Die Bestimmungen der Civilproceßordnung über die Zwangsvollstreckung gewähren namentlich durch die Vorschriften der Nummern 1—5 des § 715 den ärmeren Klassen einen weitgehenden Schutz, und es kann sich empfehlen, durch Mittheilung dieser Bestimmungen zur Verbreitung der Kenntniß derselben beizutragen. Dieselben lauten:

Folgende Sachen sind der Pfändung nicht unterworfen:

1) die Kleidungsstücke, die Betten, das Haus- und Küchengeräth, insbesondere die Heiz- und Kochöfen, soweit diese Gegen-

stände für den Schuldner, seine Familie und sein Gesinde unentbehrlich sind;

2) die für den Schuldner, seine Familie und sein Gesinde auf zwei Wochen erforderlichen Nahrungs- und Feuerungsmittel;

3) eine Milchkuh oder nach Wahl des Schuldners statt einer solchen zwei Ziegen oder zwei Schafe nebst dem zum Unterhalt und zur Streu für dieselben auf zwei Wochen erforderlichen Futter und Stroh, sofern die bezeichneten Thiere für die Ernährung des Schuldners, seiner Familie und seines Gesindes unentbehrlich sind;

4) bei Künstlern, Handwerkern, Hand- und Fabrikarbeitern, sowie bei Hebeammen die zur persönlichen Ausübung des Berufs unentbehrlichen Gegenstände;

5) bei Personen, welche Landwirthschaft betreiben, das zum Wirthschaftsbetriebe unentbehrliche Geräth, Vieh- und Feldinventarium nebst dem nöthigen Dünger, sowie die landwirthschaftlichen Erzeugnisse, welche zur Fortsetzung der Wirthschaft bis zur nächsten Ernte unentbehrlich sind.

Durch die in § 521 des Entwurfs aufgenommene Vorschrift, daß das gesetzliche Pfandrecht des Vermiethers nicht besteht in Ansehung derjenigen Sachen, welche der Pfändung nicht unterworfen sind, wird die erwünschte Schonung der wirthschaftlichen Existenz der kleinen Leute in bedeutsamer Weise ausgedehnt. Dabei ist auch zu beachten, daß diese Bestimmung einer ganzen Reihe strafrechtlicher Verfolgungen ein Ende machen wird. Wenn heute ein Miether sich verleiten läßt, seine nothdürftigen Habseligkeiten, an denen dem Vermiether ein Pfandrecht zusteht, ohne Einwilligung desselben fortzuschaffen, so muß er auf Antrag des Vermiethers gemäß § 289 des Strafgesetzbuchs zur strafrechtlichen Verantwortung gezogen werden. Das kann, wenn die wohlthätige Vorschrift des Entwurfs zum Gesetz erhoben wird, nicht mehr vorkommen.

Im Anschluß hieran ist ferner noch einiger sehr wesentlicher Bestimmungen des § 749 der Civilproceßordnung zu erwähnen, welche also lauten:

Der Pfändung sind nicht unterworfen:

1) der Arbeits- oder Dienstlohn nach den Bestimmungen des Reichsgesetzes vom 21. Juni 1869;

2) die auf gesetzlicher Vorschrift beruhenden Alimentenforderungen;

3) die fortlaufenden Einkünfte, welche ein Schuldner aus Stiftungen oder sonst auf Grund der Fürsorge und Freigebigkeit eines Dritten bezieht, insoweit der Schuldner zur Bestreitung des nothdürftigen Unterhalts für sich, seine Ehefrau und seine noch unversorgten Kinder dieser Einkünfte bedarf;

4) die aus Kranken-, Hülfs- oder Sterbekassen, insbesondere aus Knappschaftskassen und Kassen der Knappschaftsvereine zu beziehenden Hebungen;

7) die Pensionen der Wittwen und Waisen und die denselben aus Wittwen- und Waisenkassen zukommenden Bezüge, die Erziehungsgelder und die Studienstipendien, sowie die Pensionen invalider Arbeiter.

Hiernach wird man allgemein gehaltene Klagen über die Härte des deutschen Schuldrechts mit Vorsicht aufnehmen dürfen. Sollten einzelne in den Entwurf über das Recht der Schuldverhältnisse aufgenommene Bestimmungen zu dem Vorwurf der Härte gegen den Schuldner begründeten Anlaß geben, so werden die Bestrebungen, eine angemessene Aenderung zu erwirken, gewiß nicht erfolglos bleiben.

Die Klagen darüber, daß den wirthschaftlich Schwachen die Rechtsverfolgung den wohlhabenden Klassen gegenüber erschwert sei, werden hauptsächlich durch den Hinweis darauf begründet, daß der für die Proceßführung bestehende Anwaltszwang eine Begünstigung der Reichen gegenüber den Armen zur Folge habe. Dieser Hinweis dürfte aber bei näherer Prüfung nicht stichhaltig sein. Im ganzen Deutschen Reiche beschäftigen die sog. Unfallssachen seit dem Inkrafttreten der Unfallsversicherungsgesetzgebung diejenigen Gerichte, bei welchen Anwaltszwang besteht, der Regel nach überhaupt nicht mehr. Streitigkeiten wegen Ueberlassung und Räumung von Miethswohnungen, Rechtsstreitigkeiten zwischen Gesinde und Dienstherrschaft, sowie zwischen Arbeitern und Arbeitgebern, ferner Streitigkeiten über alle Ansprüche, welche an Geldeswerth die Summe von dreihundert Mark nicht übersteigen, werden in einem abgekürzten Verfahren durch die Amtsgerichte, bei welchen Anwaltszwang nicht besteht, entschieden. Zur Geltendmachung von höherwerthigen Ansprüchen kann das Armenrecht nachgesucht werden, für dessen Bewilligung nach den bisherigen Erfahrungen durchgängig das höchste Wohlwollen maßgebend ist. Bewilligung des Armenrechts hat die Zuordnung eines zu unentgeltlicher Proceßführung verpflichteten Anwalts zur Folge. Hiernach kann der Anwaltszwang zu einer Erschwerung der Rechtsverfolgung für den Unbemittelten nur führen, falls derselbe gegen eine ihm ungünstige amtsgerichtliche Entscheidung Berufung an das Landgericht einlegen oder einen Anspruch im Werth von mehr als dreihundert Mark geltend machen will und das zuständige Gericht die Gewährung des Armenrechts versagt, weil die Rechtsverfolgung muthwillig oder aussichtslos erscheint.

Auch den Bestrebungen der Landwirthschaft kommt der Entwurf soweit entgegen, als es die Verfasser nach eingehender Prüfung für ausführbar erachtet haben. Den Zusammenhalt landwirthschaftlichen Grundbesitzes wird es fördern, daß nur Abkömmlinge, Eltern und Ehegatten als pflichttheilsberechtigt anerkannt sind, daß der Pflichttheil in allen Fällen nur die Hälfte der gesetzlichen Erbportion beträgt, und daß das Pflichttheilsrecht nur den Anspruch auf Leistung des Geldwerths begründet. Ferner wird der Gefahr unwirthschaftlicher Zerstückelung des Grundbesitzes erfolgreich vorgebeugt werden durch die für alle Theilungen geltende Bestimmung des ersten Absatzes des § 769, welche lautet:

> Die Aufhebung der Gemeinschaft erfolgt, sofern der gemeinschaftliche Gegenstand sich ohne Verminderung seines Werthes in so viele gleichartige Theile zerlegen läßt, daß jeder Theilhaber einen seinem Antheile nach Größe und Werth entsprechenden Theil erhalten kann, durch Theilung in Natur. Die vorstehende Vorschrift findet entsprechende Anwendung, wenn mehrere gleichartige und gleichwerthige Gegenstände gemeinschaftlich sind.

Die Zulässigkeit der Belastung von Grundstücken mit Renten, welche seitens des Berechtigten unkündbar sind, wird von dem Entwurf anerkannt. Das Einführungsgesetz überweist die Regelung des Anerbenrechts der Landesgesetzgebung.

Danach scheinen die erforderlichen Grundlagen, auf welchen sich das Anerbenrecht und die Rentenschuld nach Maßgabe des Bedürfnisses entwickeln kann, gegeben. Die Verfasser des Entwurfs haben diese Institute zur reichsgesetzlichen Einführung noch nicht reif erachtet. Da das Anerbenrecht bisher nur provinziell geregelt und mit dem Rentengut überhaupt erst ein Versuch gemacht ist, scheint allerdings viel dafür zu sprechen, daß es sich empfiehlt, zunächst die weitere Entwickelung beider Institute abzuwarten und eine reichsgesetzliche Regelung auf Grund der gemachten Erfahrungen der Zukunft vorzubehalten.

Die aus landwirthschaftlichen Kreisen gegen die im Entwurf vorgesehene Regelung des Hypotheken- und Grundschuldrechts erhobenen Einwendungen sollen weiter unten erörtert werden.

Hier sind nur einige allgemeine Bemerkungen einzuschalten. Insoweit die Vertreter der wirthschaftlichen Interessen darthun können, daß die Bestimmungen des Entwurfs für die Erfüllung solcher Forderungen, welche sie als berechtigt erkannt haben, Hindernisse schaffen, werden sie selbstverständlich dahin gelangen, den Entwurf zu bekämpfen. Insoweit aber die Einwendungen gegen denselben nur darauf gerichtet sind, daß positive Bestimmungen über Einrichtungen, welche als erwünscht oder nothwendig bezeichnet werden, keine Aufnahme gefunden haben, kann eine ruhige Erwägung zur Bekämpfung des Entwurfs nicht gut führen. Wenn das ganze Gesetzgebungswerk scheitern sollte, so wäre damit keinenfalls etwas gewonnen, das möchte vielmehr auch auf die Bestrebungen nach Ausbildung der gewünschten Einrichtungen nachtheilig zurückwirken. Dagegen liegt es klar zu Tage, daß jeder fernere Schritt auf dem Wege zur Herstellung der Rechtseinheit, sofern er nur keinen Widerspruch gegen derartige Bestrebungen enthält, immerhin eine ganze Reihe von Bedenken, welche gegen dieselben mit Rücksicht auf den gegenwärtigen Rechtszustand erhoben werden können, beseitigen muß, namentlich das sehr gewichtige Bedenken, es sei zunächst abzuwarten, was denn das Allgemeine Bürgerliche Gesetzbuch bringen werde.

VIII.

Bedeutung der bereits bestehenden Rechtseinheit.

Auf Grund der Thatsache, daß für große Kreise von Angelegenheiten eine einheitliche Regelung des Rechts bereits besteht, ist in vorwiegender Betonung der idealen Bedeutung der Rechtseinheit vielfach die Auffassung vertreten, daß es von nur untergeordneter Bedeutung sei, wann das Allgemeine Bürgerliche Gesetzbuch zu Stande komme. Mit Rücksicht hierauf werden einige Bemerkungen darüber erlaubt sein, daß die Rechtseinheit neben der idealen eine sehr materielle Bedeutung hat, die sich namentlich auch in den Richtungen fühlbar macht, in welchen, wie behauptet wird, die Rechtseinheit schon hergestellt sein soll.

Für den Handelsverkehr ist allerdings in ganz Deutschland das Handelsgesetzbuch maßgebend, dadurch aber keineswegs überall die gleiche Rechtsanwendung begründet. Abgesehen von den theilweise recht umfangreichen Vorschriften der Landeseinführungsgesetze und den einzelnen Bestimmungen des Handelsgesetzbuchs, welche auf Landesrecht ausdrücklich verweisen, ist nach Art. 1 das bürgerliche Landesrecht maßgebend, soweit nicht das Gesetzbuch selbst Bestimmungen enthält oder Handelsgebräuche zur Anwendung kommen. Da das Handelsgesetzbuch Bestimmungen über die allgemeinen Rechtslehren und Begriffe, die als gegeben vorausgesetzt werden, nicht enthält, hierüber auch sich Handelsgebräuche nicht leicht gebildet haben, so kann bei einer großen Zahl von Handelsgeschäften, sofern dieselben zu Streit Anlaß geben, schließlich das bürgerliche Landesrecht entscheidend sein. Aus dem letztern muß man ferner Belehrung über die sehr wichtigen Fragen suchen, inwieweit das Vermögen der Ehefrau für die Verbindlichkeiten des Ehemannes oder, falls die Ehefrau Handel treibt, für deren Verbindlichkeiten das persönliche Vermögen des Ehemannes haftet. Die Verschiedenheiten der Landesrechte bereiten, wie der Vicepräsident des Reichsbankdirektoriums in einem Gutachten über den Entwurf bezeugt, der Reichsbank in ihrem Geschäftsbetriebe recht erhebliche Schwierigkeiten. Die Ueberwindung derselben ist bei der großartigen Organisation der Reichsbank verhältnißmäßig leicht, für andere Banken, Kreditinstitute und einzelne Kaufleute macht sich der Einfluß der Verschiedenheit des Rechts weit empfindlicher bemerkbar. Insoweit ein Geschäftsbetrieb vorwiegend auf Gewährung hypothekarischen Kredits gerichtet ist, bilden Verschiedenheiten des Hypothekenrechts sowie des ehelichen Güterrechts und des Erbrechts meistens unübersteigbare Schranken für eine an sich erwünschte Ausdehnung des Geschäftsbetriebs. Sobald zwischen Angehörigen verschiedener Rechtsgebiete Streitigkeiten entstehen, muß derjenige, welcher zu einer Proceßführung innerhalb eines andern Rechtsgebietes genöthigt ist, fast ausnahmslos, um sich vor Schaden zu hüten, sowohl einen einheimischen als auch einen auswärtigen Rechtsanwalt zu Rathe ziehen und entsprechend honoriren. Alle diese, nur durch die Verschiedenheit des Rechts in's Leben tretenden Folgen schädigen die Geschäftswelt und die Kreditsuchenden. Die Möglichkeit der Kreditgewährung unter Zubilligung günstiger Bedingungen wird eingeschränkt, und ein durch die Verschiedenheit des Rechts verursachter Ausfall muß doch wohl schließlich von den Uebrigen, welche Kredit in Anspruch nehmen, getragen werden.

Die einheitliche Civilproceßordnung setzt in Ansehung der allgemeinen Rechtsbegriffe, gleich dem Handelsgesetzbuch, die in den einzelnen Rechtsgebieten geltenden landesgesetzlichen Bestimmungen voraus. Die wichtige Frage, wer proceßfähig ist, d. h. wer klagen und verklagt werden kann, richtet sich nach dem Landesrecht. Allerdings sind großjährige Ehefrauen und großjährige Hauskinder durch die reichsgesetzliche Vorschrift unbedingt für selbstständig proceßfähig erklärt. Dadurch erfährt man aber nichts über die Geschäfts- und Handlungsfähigkeit dieser Personen und bleibt somit über die Frage, ob ein gegen eine solche Person erwirktes rechtskräftiges Erkenntniß auch wirksam vollstreckt, mithin der eigentliche Zweck des Processes erreicht werden kann, völlig im Unklaren. Nur aus dem Landesrecht kann man ersehen, inwieweit es angezeigt ist, den Ehemann oder den Vater mit in den Proceß zu ziehen. Wird ohne Kenntniß des Landesrechts Klage erhoben, so kann man leicht ein Urtheil erstreiten, dessen Vollstreckung sich der Ehemann oder der Vater in jeder Beziehung mit Erfolg zu widersetzen vermag, und umgekehrt kann man darüber, daß die vorsichtiger Weise erfolgte Hineinziehung des Ehemannes oder Vaters in den Proceß überflüssig war, durch Auflegung eines bedeutenden Theils der durch den gewonnenen Proceß verursachten Kosten belehrt werden.

In Ansehung der gesammten Zwangsvollstreckung in das unbewegliche Vermögen, einschließlich der Frage, welche Gegenstände (Zubehör, Inventar, Früchte u. dgl.) zum unbeweglichen Vermögen gerechnet werden, verweist die Civilproceßordnung auf die landesgesetzlichen Bestimmungen.

Einer weitern Aufzählung von Vorschriften der Civilproceßordnung, welche einschneidenden Bestimmungen des Landesrechts eine weitgehende Bedeutung erhalten und sichern, wird es nicht bedürfen, um darzuthun, daß für den Verkehr unter den verschiedenen Rechtsgebieten durch die Civilproceßordnung auch in processualer Beziehung die Einheit des Rechts nur unvollkommen hergestellt ist.

Hierbei kann auch die wohl allgemein verbreitete Annahme, daß die Gleichheit der Rechtsanwendung durch die Rechtsprechung des Reichsgerichts gesichert sei, einer Erörterung unterzogen werden. Zur Zeit ist das nur in sehr bedingter Weise der Fall. Bis zum Inkrafttreten eines Allgemeinen Bürgerlichen Gesetzbuchs behält Bayern den in München eingerichteten höchsten Gerichtshof, welcher über die Anwendung des Landesrechts in letzter Instanz entscheidet, wodurch jeder Einfluß des Reichsgerichts auf die Rechtsprechung nach bayrischem Recht ausgeschlossen ist. Ebenso ist dem Reichsgericht jeder Einfluß auf die Rechtsprechung nach sächsischem Recht entzogen, denn für das ganze Königreich Sachsen ist nur das eine Oberlandesgericht in Dresden errichtet, und das Rechtsmittel der Revision kann nicht darauf gestützt werden, daß eine Rechtsnorm verletzt sei, deren Geltung auf den Bezirk eines Oberlandesgerichts beschränkt ist. Wesentlich in Betracht kommt auch, daß die Verletzung einer Rechtsnorm vor dem Reichsgericht nur dann gerügt werden kann, wenn dieselbe in dem Bezirk, wo sie angewendet oder zu Unrecht nicht angewendet worden ist, als Landesrecht gilt. Wenn beispielsweise zwei Einwohner der preußischen Nachbarprovinzen Rheinland und Westfalen zwei Processe mit einander führen, in welchen es auf die Auslegung ein und desselben Paragraphen des preußischen Landrechts ankommt, und wenn nach den Bestimmungen über die Zuständigkeit der eine Proceß vor das Oberlandesgericht in Cöln und der andere vor das Oberlandesgericht in Hamm gehört, so kann der Fall eintreten, daß beide Oberlandesgerichte die gleiche Auslegung jenes Paragraphen für maßgebend erachten. Wenn dann der Verlierende beide Urtheile der Nachprüfung des Reichsgerichts unterbreitet, so kann sehr wohl weiter der Fall eintreten, daß dieses die Auffassung beider Oberlandesgerichte für rechtsirrthümlich erachtet. Dann wird das in Hamm gesprochene Urtheil aufgehoben, dagegen muß das in Cöln gesprochene Urtheil aufrecht erhalten werden, denn in dem dortigen Bezirk gilt jener Paragraph nicht als Landesrecht, und deshalb ist es dem Reichsgericht verwehrt, die in Cöln zu Grunde gelegte Auffassung des Gesetzes zu berichtigen. In beiden Sachen kann in derselben Sitzung, unter Theilnahme derselben Richter, erkannt werden, die zu erlassenden Urtheile entsprechen dem geltenden Recht, die von denselben Betroffenen werden sich aber wohl kaum davon überzeugen lassen, daß zur Zeit bereits irgend welche Rechtseinheit besteht.

Auf das Bestehen eines einheitlichen Strafgesetzbuches wird mit Recht das größte Gewicht gelegt. Eine wirkliche Einheitlichkeit des Strafrechts kann aber nur dann erreicht werden, wenn auch die zur Anwendung kommenden privatrechtlichen Bestimmungen einheitlich sind. Im Jahre 1888 hat sich folgender Fall ereignet. Drei Knaben hatten den Entschluß gefaßt, zur See zu gehen. Zur Bestreitung der Mittel standen Ersparnisse des Einen und außerdem einige Geldstücke zur Verfügung, welche er seiner Schwester gestohlen hatte. Die Reise wurde in Berlin angetreten und in Stralsund durch die Polizei unterbrochen. Unterwegs hatte der Geldbesitzer seine Ersparnisse und das Gestohlene, aus gleichartigen Münzen bestehend, derart unter einander gemengt, daß eine Ausscheidung nicht mehr möglich war. Darauf hatte er, unter vollständiger Mittheilung des Sachverhalts, die Gesammtsumme mit seinen Genossen getheilt. Reisende von Berlin nach Stralsund stehen unterwegs zeitweise unter der Geltung des Preußischen Landrechts, zeitweise unter der Geltung des Gemeinen Rechts. Das Landrecht sagt, daß das Eigenthum beweglicher Sachen nicht verloren geht, auch wenn dieselben mit anderen Sachen gleicher Art so vermischt sind, daß sie nicht mehr ausgeschieden werden können, die Sachen bleiben also auch in der Hand des Vermischenden „fremde". Das Corpus juris entscheidet, daß durch eine Vermischung der bezeichneten Art das frühere Eigenthum verloren wird, nach Ausführung derselben hat also der Vermischende nicht mehr „fremde" Sachen in der Hand. Wer seines Vortheils wegen gestohlenes „fremdes" Gut an sich bringt, wird als Hehler bestraft; wer von einem leichtsinnigen Mitgenossen Geld annimmt, welches zwar gestohlen, aber im Sinne des Gesetzes nicht mehr „fremdes" ist, bleibt straflos. Hiernach hängt von der Feststellung, auf welcher

Strecke der Bahn, ob im Gebiete des Landrechts oder im Gebiete des Gemeinen Rechts, die Theilung vollzogen ist, die Entscheidung ab, ob die beiden unreifen Theilnehmer — gegen den Dieb hat die Schwester keinen Strafantrag gestellt — für ihr ganzes Leben als Hehler gebrandmarkt werden müssen, oder ob der Strafrichter sie der wohlverdienten häuslichen Züchtigung überlassen darf. Welches Ergebniß dem Rechtsgefühl am meisten entsprechen würde, mag dahin gestellt bleiben, die Möglichkeit, daß das eine oder andere Ergebniß eintreten kann, liefert den Beweis, daß sich zur Zeit von Rechtseinheit auch in strafrechtlicher Hinsicht nicht wohl sprechen läßt. Denn die Möglichkeit derartigen Einflusses der Verschiedenheit des bürgerlichen Rechts ist stets gegeben, wenn die Begriffe „fremde Sache", „rechtswidrig", „widerrechtlich" u. dgl. in Frage kommen. Gerade bei den am häufigsten vorkommenden Strafthaten, wie Diebstahl, Sachbeschädigung, Unterschlagung, Betrug u. s. w., macht sich dieser Einfluß geltend. Von zwei Handlungen, bei welchen Umstände und Verhältnisse nach allen Richtungen hin völlig gleich sind, kann je nach dem Ort der Begehung die eine entehrende Strafe nach sich ziehen, die andere gesetzlich erlaubt sein.

Mit einer gewissen Ironie ist darauf hingewiesen worden, daß auch derjenige, welcher bei seinem bisherigen Recht sich ganz behaglich befunden hat, Mitleid und Beschämung empfinde, „wenn ein schauerliches Gerücht ihm die Zahl der in Bayern noch geltenden Partikularrechte meldet oder Anekdoten über Dörfer, in denen diesseit und jenseit des Baches verschiedenes Recht herrscht oder gar die Rechtsgrenze mitten durch ein Haus schneidet, in sein Ohr dringen." Ob diese Ironie an sich berechtigt sei, wird beispielsweise derjenige bezweifeln, der sich mit den Abgrenzungen des Geltungsbereichs verschiedener Rechte in den Berührungspunkten der Oberlandesgerichtsbezirke Cöln einerseits und Hamm und Frankfurt a. M. andrerseits vertraut gemacht oder gelegentlich die Rechtskarte betrachtet hat, welche auf Anregung des ehemaligen Justizsenats in Ehrenbreitenstein für den Westerwald gefertigt ist. Immerhin mag sich aber die Auffassung vertheidigen lassen, daß einer solchen augenfälligen Zerrissenheit des Rechts eine ausschlaggebende Bedeutung nicht beizumessen sei, soweit es sich um abweichende Eigenthümlichkeiten handelt, welche vorwiegend nur in enger örtlicher Umgrenzung hervortreten und da, wo sie bestehen, den Betheiligten bekannt sind. Wenn aber in demselben Staat das Preußische Landrecht, das Gemeine und eventuell auch das Französische Recht Geltung haben, so kommen grundsätzlich Verschiedenheiten der gesammten Rechtsauffassung in Frage, welche die Entwickelung des Verkehrs hemmen und zu Ergebnissen führen, welche das Rechtsgefühl der Laien erschüttern. Da haben die „schauerlichen Gerüchte“ und „Anekdoten“ einen sachlichen Hintergrund, der die schädlichen Folgen der Zerrissenheit des Privatrechts doch in ein grelles Licht stellt.

Die bisher erreichte Einheit des Deutschen Reichs läßt die Verschiedenheiten des bürgerlichen Rechts schärfer, als früher, hervortreten und steigert die Wirkungen dieser Verschiedenheiten vielfach derart, daß sie als Unzuträglichkeiten erscheinen müssen.

Die soeben erörterten Verschiedenheiten konnten auch vor der Errichtung des Deutschen Reichs hervortreten, waren aber weniger geeignet, Anstoß zu erregen, so lange man damit rechnen mußte, daß jeder einzelne Bundesstaat unter seinen eigenen Gesetzen lebte. Wenn bei Ausdehnung des Handelsverkehrs auf andere Bundesstaaten deren bürgerliches Recht noch neben den Bestimmungen des Handelsgesetzbuchs in Betracht gezogen werden mußte, und wenn früher die Führung eines Rechtsstreits in einem andern deutschen Staate unbedingt mit der Nothwendigkeit verbunden war, einen dortigen Rechtsverständigen über die Zuständigkeit der Behörden und das einzuschlagende Verfahren zu Rathe zu ziehen, so konnte das weiter nicht auffallen. Heute muß es aber doch zu Bedenken bezüglich des praktischen Werths der einheitlichen Gerichtsorganisation und des einheitlichen Proceßrechts führen, wenn in zahlreichen Fällen eine gleiche Nothwendigkeit sich geltend macht. Und eine solche tritt ein, wenn es beispielsweise zweifelhaft ist, wo der zu Beklagende seinen Wohnsitz, mithin seinen allgemeinen Gerichtsstand hat, oder wo eine vertragsmäßige Leistung zu erfüllen ist, mithin deren Erfüllung im Wege der Klage gefordert werden kann, ferner wenn es sich darum handelt, ob gegen Eheleute gemeinschaftlich oder nur gegen einen derselben vorzugehen ist. Alle diese Fragen und viele ähnliche sind nach dem bürgerlichen Landesrecht zu entscheiden, die Kenntniß des geltenden Reichsrechts genügt dazu nicht.

Wenn früher Jemand seinen Wohnsitz aus einem deutschen Staat in den andern verlegte, so konnte man es ihm als Nachlässigkeit anrechnen, wenn er nicht auch Vorkehrungen traf, um unerwünschten Folgen der Verschiedenheit des bürgerlichen Rechts vorzubeugen. Heute hat die reichsgesetzlich gewährleistete Freizügigkeit den Uebertritt aus einem Bundesstaat in den andern wesentlich erleichtert, ein solcher erfolgt in zahlreichen Fällen aus Familienrücksichten, um ersparte Revenuen oder Pension in einer angenehmeren Gegend zu verzehren, oder aus anderen Gründen, und selten denkt dabei Jemand an die Verschiedenheit des bürgerlichen Rechts, denn wir leben ja in einem einigen Deutschen Reiche und haben nach verbreiteter unbestimmter Anschauung in den wesentlichsten Beziehungen einheitliches Recht.

Trotzdem mag man sagen, daß derjenige, der seinen Wohnsitz freiwillig verlegt, auch die Pflicht hat, die Folgen eines solchen Schritts nach allen Richtungen, also auch in Ansehung des bürgerlichen Rechts, sorgfältig zu erwägen. Eine gleiche Sorgfalt wird man aber kaum von demjenigen verlangen, der unter die Geltung des bürgerlichen Rechts eines andern Bundesstaats tritt, indem er unfreiwillig seinen Wohnsitz wechselt, und dem sind unter Anderm die Offiziere des Reichsheers, die Militärbeamten, die Reichs-Post- und Telegraphenbeamten, die Zollbeamten und theilweise die Eisenbahnbeamten täglich ausgesetzt.

Zur Erläuterung der tief einschneidenden Wirkungen der Verschiedenheit des bürgerlichen Rechts soll ein einfaches Beispiel vorgeführt werden. Ein unverheiratheter Beamter, dem durch Vermächtniß eines Freundes Vermögen zugefallen ist, lebt mit seinem alten erwerbs- und vermögenslosen Vater zusammen unter der Herrschaft des Preußischen Landrechts. Von dem Vorhandensein etwaiger anderer Verwandter ist ihm nichts bekannt. Zu Errichtung eines Testaments ist unter diesen Umständen kein Anlaß gegeben, denn der Vater ist der einzige gesetzliche Erbe des Sohnes. Plötzlich wird letzterer nach Elsaß-Lothringen versetzt, verlegt seinen Wohnsitz dorthin und stirbt, ehe er noch Zeit gehabt hat, mit den Vorschriften des Code sich bekannt zu machen. Da tritt Jemand auf, der nachweist, daß er mit dem Erblasser von der mütterlichen Seite im zwölften Grade verwandt gewesen ist — also ein Verwandter, zu dessen Bezeichnung sich in unserer Sprache kein zutreffender Ausdruck findet — und verlangt mit Erfolg, daß der Vater nach Maßgabe der Artt. 753.754 des Code den Nachlaß mit ihm theilt.

Ein Offizier oder Beamter, dem seit Errichtung des Deutschen Reichs der amtliche Wohnsitz in verschiedenen Bundesstaaten nach einander angewiesen gewesen ist, wird überhaupt nicht leicht erfahren können, welche Bestimmungen der in Deutschland geltenden bürgerlichen Rechte auf seine Verhältnisse, sofern sie nicht ganz einfach liegen, etwa Anwendung finden könnten.

Aber nicht nur in ihren eignen Rechtsbeziehungen werden Offiziere und Beamte durch die bestehende Zerrissenheit des Rechts gefährdet, auch die Erfüllung ihrer dienstlichen Obliegenheiten wird ihnen dadurch erschwert. Truppentheile wie Behörden kommen überall in die Lage, Rechtsgeschäfte vornehmen zu müssen, deren sachgemäße Erledigung Kenntniß des örtlichen Rechts unbedingt erheischt. Die nächstliegenden Beispiele sind Ankauf oder Anmiethung von Grundstücken. Wenn weder der Kommandeur oder Vorstand der Behörde, noch der ihnen etwa beigegebene, vielleicht in einem andern Rechtsgebiet vorgebildete, besondere juristische Beirath, die Bestimmungen über Erwerb und Belastung des Grundeigenthums, sowie über die Rechte und Pflichten von Vermiether und Miether ordentlich kennt, so können unliebsame Mißgriffe vorkommen, und keinenfalls wird es zur Stärkung der Autorität beitragen, wenn die Verlegenheiten, welche durch mangelhafte Kenntniß der am Orte allgemein bekannten Rechtsregeln hervorgerufen werden, sich nach außen hin erkennbar machen.

Insbesondere ist auch noch zu erwähnen, daß den Auditeuren bei Ausübung ihrer Pflicht, vor der Verheirathung von Offizieren den vorgeschriebenen Vermögensnachweis zu prüfen, vielfach kaum überwindliche Schwierigkeiten erwachsen müssen, wenn sie das einschlagende bürgerliche Landesrecht nicht gründlich kennen. Auch den Reichskonsuln wird es zum mindesten recht peinliche Verlegenheiten bereiten, wenn sie mit den ihnen übertragenen weitgehenden Jurisdiktionsbefugnissen Schutzbefohlenen zu Hilfe kommen, deren Verhältnisse sich nach einem besondern partikularen Recht regeln.

IX.

Dringlichkeit des Erlasses eines bürgerlichen Gesetzbuches.

Schon der Hinweis darauf, daß die glücklich erwirkte Herstellung der Reichseinheit den Mangel einheitlichen Rechts schärfer und bedeutsamer hervortreten läßt, wird die Erwägung nahe liegen, daß die alsbaldige Herstellung der Rechtseinheit in Angriff genommen werden muß. Dafür, daß die Erfüllung dieser Pflicht dringlich sei, sprechen auch noch folgende Erwägungen.

Die durch die Verschiedenheiten des bürgerlichen Rechts bedingten Unzuträglichkeiten treten vielfach innerhalb eines und desselben Bundesstaats hervor. Dieser Zustand ist bisher ertragen, weil auf den Erlaß eines Allgemeinen Bürgerlichen Gesetzbuchs gerechnet wird. Sobald es aber feststehen sollte, daß der Erlaß eines solchen in absehbarer Zeit nicht erwartet werden kann, so wird kaum anzunehmen sein, daß die einzelnen Bundesstaaten die Verschiedenheit des bürgerlichen Rechts innerhalb ihrer Gebiete auf die Dauer dulden werden. Sachsen hat bereits ein einheitliches bürgerliches Gesetzbuch, dessen Aufgeben zu Gunsten eines allgemeinen Reichsgesetzbuchs, wie verlautet, als schweres Opfer empfunden werden wird. Falls Preußen, Bayern und andere Bundesstaaten durch die Zögerung der Reichsgesetzgebung gezwungen würden, die in ihren Gebieten geltenden bürgerlichen Rechte zu revidiren und, nach dem Vorgange Sachsens, in einheitliche Gesetzbücher zusammenzufassen, so wird wohl Niemand glauben, daß alsdann auf Herstellung der Einheit des bürgerlichen Rechts überhaupt noch gehofft werden kann. Die Möglichkeit selbstständigen Vorgehens der einzelnen Bundesstaaten in der angedeuteten Richtung kann aber nicht als ausgeschlossen oder auch nur als unwahrscheinlich erachtet werden.

Die Mannigfaltigkeit der anzuwendenden bürgerlichen Rechte ist zu groß, als daß dieselbe auf die Dauer erhalten werden könnte. Wenn innerhalb der preußischen Monarchie ein einfacher Kaufvertrag abgeschlossen wird, so kann das Verhältniß nach dem Landrecht, nach dem Gemeinen Recht oder nach dem Code zu beurtheilen sein und, wenn die Vertragschließenden zufolge ihres Wohnsitzes verschiedenen Rechten unterworfen sind, so ist zunächst nach den Grundsätzen des internationalen Privatrechts zu prüfen und festzustellen, welche Rechtsnormen überhaupt zur Anwendung zu bringen sind. Eine Verschiedenheit dieser Rechtsnormen kann unter durchaus gleichen thatsächlichen Voraussetzungen zu völlig abweichenden Ergebnissen führen. Das anzuwendende Recht ist beispielsweise von Einfluß für Entscheidung der Fragen, ob es zum gültigen Abschluß des Vertrages der Beobachtung einer Form bedarf, in welchem Zeitpunkt die Uebergabe als vollzogen zu erachten ist, von wann ab die Gefahr des Verlustes oder der Beschädigung des verkauften Gegenstandes von dem Verkäufer auf den Käufer übergeht u. dgl. Wenn man auch mit Recht darauf hinweisen kann, daß vielfach die anzuwendenden Bestimmungen der verschiedenen Rechte ähnlich sind, so würde dies doch nur gerade dafür angeführt werden können, daß nichts entgegensteht, dieselben einheitlich zu regeln, nicht aber, daß der bisherige Zustand aufrecht erhalten werden kann, denn gerade die Aehnlichkeit der Bestimmungen führt häufig zu Nichtbeachtung anscheinend geringer Abweichungen und dadurch zu empfindlichen Verlusten, deren Bedeutung noch erheblich verschärft wird, wenn die Betheiligten einen langwierigen und erbitterten Rechtsstreit geführt haben, um die eigentlich für ihr Verhältniß maßgebenden Bestimmungen zu erfahren. Je verwickelter die in Betracht kommenden Verhältnisse sind, um so verwickelter und schwieriger wird die Ermittelung der darauf anwendbaren Sätze der verschiedenen bürgerlichen Rechte. Die Betheiligten werden in dieser Beziehung durch eigene, selbst unter Beihilfe von Rechtsverständigen vorgenommene Prüfung zu einem überzeugenden endgültigen Ergebniß nur selten gelangen, so daß die Nothwendigkeit der Proceßführung eintritt, um die anwendbaren Rechtssätze zu ermitteln. Der Zustand kann aber auf die Dauer nicht erträglich erscheinen, daß Angehörige desselben Staats, die vielleicht an sich jeden Streit gerne vermeiden möchten, gezwungen sind, Zeit und Geld aufzuwenden und sich der Unruhe und Aufregung einer Proceßführung zu unterziehen, um nur zu erfahren, welches von den mehreren in ihrem Heimathsstaate geltenden bürgerlichen Rechten für Regelung ihrer besonderen Verhältnisse maßgebend ist.

Ebenso wie die Rücksicht auf die Rechtsuchenden und den Verkehr muß auch die Rücksicht auf die nothwendige Weiterbildung des Rechts im Wege der Gesetzgebung den Einzelstaaten die Erwägung nahe legen, ob nicht eine einheitliche Feststellung der maßgebenden privatrechtlichen Grundsätze für das gesammte Gebiet des Staats unbedingt erforderlich ist. Die gegenwärtige Zerrissenheit des Privatrechts beeinflußt das Vorgehen der Gesetzgebung in recht bedenklicher Weise.

Preußen hat es für angezeigt erachtet, die Grundbuchgesetzgebung von 1872, abgesehen von dem Bezirk des Oberlandesgerichts in Frankfurt a. M., auf den ganzen Umfang der Monarchie, einschließlich der Hohenzollernschen Lande, auszudehnen. Dazu ist der Erlaß von acht verschiedenen Einführungsgesetzen nothwendig gewesen. Dieselben enthalten neben den auf die Anlegung der Grundbücher bezüglichen Bestimmungen eine recht erhebliche Anzahl von Vorschriften, welche Besonderheiten des in den einzelnen Provinzen geltenden bürgerlichen Rechts zwar dem Grundbuchrecht thunlichst anpassen, damit aber doch zugleich auch ausdrücklich bestätigen und aufrecht erhalten. Das Unternehmen, in einer einzelnen Materie einheitliches Recht zu schaffen, hat mithin unvermeidlich zu dem die Rechtseinheit doch wohl kaum fördernden Ergebniß führen müssen, partikulares Recht durch Weiterbildung ausdrücklich anzuerkennen und dadurch zu befestigen.

Die im Jahre 1875 für den ganzen Umfang der Monarchie erlassene preußische Vormundschaftsordnung, welche auch ihrerseits der Anerkennung partikularer Verschiedenheiten sich nicht hat entziehen können, liefert, ganz abgesehen hiervon, einen Beweis, daß die Kodifizirung einer einzelnen Materie nicht ohne Unzuträglichkeiten erfolgen kann. Die elterliche Gewalt liegt außerhalb des Bereichs des Vormundschaftsrechts, die Regelung derselben ist daher nicht zum Gegenstande der Vormundschaftsordnung gemacht, vielmehr in dieser Beziehung das bisherige bürgerliche Recht beibehalten. Vielfach fließen aber die elterlichen und vormundschaftlichen Befugnisse derart in einander über, daß die Regelung des Vormundschaftswesens auch in die Verhältnisse der elterlichen Gewalt eingreifen muß. Zufolge dieser Nothwendigkeit sind in einzelnen Rechtsgebieten Zustände eingetreten, welche dort als Unzuträglichkeiten empfunden werden.

Nach solchen Vorgängen möchte es doch gewagt sein, sich der Hoffnung hinzugeben, daß auch dann, wenn der Erlaß eines bürgerlichen Gesetzbuchs für das Deutsche Reich in unabsehbare Ferne gerückt würde, fernerhin und auf die Dauer die nothwendig erscheinende Regelung einzelner Materien seitens der Bundesstaaten auf dem bisher inne gehaltenen Wege erfolgen sollte. Jede Materie von weiter reichender Bedeutung greift in andere Materien ein. Wie das Vormundschaftsrecht das Eherecht berührt, so läßt sich das Eherecht von dem Erbrecht nicht trennen, und die erschöpfende Regelung des Erbrechts muß sich wegen der Auseinandersetzung unter Miterben und wegen der Ansprüche der Vermächtnißnehmer und Erbschaftsgläubiger auf das Recht der Schuldverhältnisse und, soweit Grundstücke in Frage kommen, auf das Immobiliarsachenrecht stützen. Erschöpfend und wirklich einheitlich läßt sich die eine Materie nur regeln, insoweit bezüglich der übrigen Rechtseinheit besteht oder gleichzeitig mit hergestellt wird. Daß die Ueberzeugung von der Nothwendigkeit, innerhalb des Staatsgebiets in einzelnen Materien zur Rechtseinheit zu gelangen, über kurz oder lang zum Durchbruch kommen muß, wird sich wenigstens für Staaten, wie Preußen, Bayern und Hessen, in deren Gebiet neben bürgerlichem Recht, das sich auf deutschem Boden gebildet hat, auch das französische Recht gilt, wohl kaum in Abrede stellen lassen.

Wie sehr dringlich es ist, zu einer einheitlichen Ordnung der Grundsätze des bürgerlichen Rechts zu gelangen, erweist auch die Rücksicht auf die Reichsgesetzgebung selbst. Alle Reichsgesetze von weitergehender Bedeutung enthalten Bestimmungen, die in das bürgerliche Recht eingreifen. Bei der Vereinbarung über den sachlichen Inhalt solcher Bestimmungen muß der gegenwärtigen Zerrissenheit des bürgerlichen Rechts Rechnung getragen werden in einer Weise, welche mitunter zu kaum erwünschten Ergebnissen führt, den Vorschriften muß ferner eine Fassung gegeben werden, welche ohne genaue Kenntniß der Entstehungsgeschichte derselben das Verständniß erschwert, und schließlich ergeben sich trotz aller angewandten Vorsicht bei der Ausführung in den einzelnen Rechtsgebieten sehr erhebliche Schwierigkeiten. Die wünschenswerthe Weiterentwickelung der Reichsgesetzgebung würde in hohem Maße erleichtert sein, wenn dieselbe von der Grundlage eines einheitlichen bürgerlichen Rechts ausgehen könnte.

X.

Einzelne Fragen.

Abgesehen von den Beanstandungen, welche sich gegen den Entwurf in seinem Zusammenhange als Ganzes richten, sind zu einzelnen Bestimmungen und Lehren mannigfach Bedenken erhoben und Aenderungen vorgeschlagen. In Ansehung einer großen Anzahl derselben wird darüber, inwieweit sie zu berücksichtigen sind, nur unter thätiger Betheiligung von Vertretern des Volks und durch Erzielung eines Einverständnisses mit denselben entschieden werden können. Nachstehend sollen einige Beispiele erörtert werden, wobei ohne jeden Anspruch auf Vollständigkeit das Bestreben leitend gewesen ist, solche Punkte herauszugreifen, in Ansehung deren eine lebhafte Antheilnahme weiter Kreise der Bevölkerung unzweifelhaft vorausgesetzt werden kann.

1.

Der Entwurf entscheidet sich grundsätzlich für die Formfreiheit der Verträge, setzt jedoch in vielen Ausnahmefällen die Beobachtung einer Form als Vorbedingung für die Gültigkeit eines Vertrages fest. Sofern die schriftliche Form vorgeschrieben ist, würde es in vielen Gegenden der bisherigen Uebung entsprechen, wenn der Briefwechsel zur Wahrung der schriftlichen Form als geeignet anerkannt würde. Trotzdem will der Entwurf dem Briefwechsel diese Bedeutung absprechen, da der Inhalt des Vertrages oft nur mühsam aus der Korrespondenz herauszulesen sei und somit diese Art der schriftlichen Form leicht eine Quelle von Streitigkeiten werden könnte.

2.

Bei der Bestimmung von Fristen und Terminen, deren Ablauf und bezw. Einhaltung für den Rechtsverkehr von Bedeutung sein soll, wird nach dem Vorgang des Handelsgesetzbuchs und den

Proceßordnungen eine angemessene Berücksichtigung der Sonn- und Feiertage gewünscht.

3.

Die große Mannigfaltigkeit der in dem Entwurf vorgesehenen Verjährungsfristen hat das Verlangen nach zweckentsprechender Vereinfachung der bezüglichen Bestimmungen hervorgerufen.

4.

Wie schon früher angedeutet ist, sollen verschiedene Bestimmungen des Rechts der Schuldverhältnisse, namentlich in Ansehung der Zinsen und Konventionalstrafen, sowie überhaupt bezüglich der Folgen der Nichterfüllung einer Verbindlichkeit geeignet sein, den Schuldner zum Vortheil des Gläubigers unverhältnißmäßig zu drücken. In den angedeuteten Beziehungen weichen die Anschauungen der verschiedenen Rechtsgebiete so weit von einander ab, daß die Verfasser des Entwurfs wohl ein Tadel nicht treffen kann, wenn sie ihre Vorschläge auf Grund der Konsequenz der Rechtslogik formulirt haben. Damit ist die Unterlage gegeben, auf welcher eine zweckentsprechende Regelung aufgebaut werden kann. Von volkswirthschaftlicher Seite ist in allgemeinerer Bedeutung ausgesprochen: „Man muß durch den Beweis der Ungerechtigkeit, welche die konsequenten Schlüsse der Rechtswissenschaft in Fragen des Lebens zur Folge haben, ihre Vertreter dessen überführen, daß sie der volkswirthschaftlichen Anschauung zu wenig Rechnug tragen.“ Soweit in mündlicher Erörterung und Verhandlung dargethan werden kann, daß die vorgeschlagenen Bestimmungen ungerecht für den Schuldner sind, werden Rücksichten auf die Rechtslogik der Vornahme der als nothwendig erkannten Aenderungen uicht entgegenstehen. Bei diesem Punkte kann, wenn auch ein bestimmter Vorschlag nicht gemacht werden soll, der Hinweis auf Artikel 1244 des Code nicht unterdrückt werden. Derselbe bestimmt in seinem zweiten Absatz:

> Die Richter können mit Rücksicht auf die Lage des Schuldners mäßige Zahlungsfristen gestatten, und während Alles in dem bisherigen Zustande bleibt, der Vollstreckung des gerichtlichen Verfahrens Einhalt thun; doch haben sie dieser Befugniß sich nur mit großer Vorsicht zu bedienen.

Daß diese Bestimmung im Geltungsbereich des französischen Rechts zu Unzuträglichkeiten geführt habe, ist nur in ganz vereinzelten Fällen bekannt geworden. Für die wohlthätige Wirkung derselben kann jeder ältere rheinische Jurist eine große Anzahl von Beispielen anführen. Der Rechtslogik entspricht allerdings eine derartige Vorschrift nicht.

5.

Ueber den Inhalt der Bestimmungen, durch welche die Gewährleistung für Viehmängel geregelt werden soll, werden die Betheiligten und Sachverständigen sich einigen müssen. Rechtswissenschaftliche Gesichtspunkte, namentlich die Erwägung, ob die zu erlassenden Vorschriften dem Deutschen oder dem Römischen Recht entsprechen, dürften kaum ausschlaggebend sein. Die aus Processen über Viehmängel gewonnenen Erfahrungen scheinen vorwiegend für Annahme der von den Verfassern des Entwurfs vorgeschlagenen deutschrechtlichen Grundlage zu sprechen.

6.

Die Einwirkungen des Wechsels des Eigenthums an einem Grundstücke auf Miethe und Pacht sind nach den Bedürfnissen des Lebens zu regeln, um die Interessen der Miether und Pächter einerseits und die Interessen des Verkehrs andrerseits zu wahren, und namentlich mit den Interessen der Realgläubiger zu vereinigen. Gerade in dieser Materie gehen die gemachten Vorschläge, den bisherigen Gewohnheiten entsprechend, weit aus einander. Für die Erzielung eines Einverständnisses könnte es nur förderlich sein, wenn die Erkenntniß in weiteren Kreisen durchgreifen möchte, daß es für eine befriedigende Regelung kaum von ausschlaggebender Bedeutung ist, ob man dabei von dem Grundsatz „Kauf bricht Miethe" oder von dem entgegengesetzten ausgeht. Voraussichtlich wird dem Eigenthumswechsel nicht jeder Einfluß auf Miethe und Pacht genommen, und andrerseits werden Miether und Pächter günstiger gestellt werden, als es der Entwurf vorschlägt.

7.

Die in Aussicht genommene gänzliche Beseitigung von Remissionsansprüchen des Pächters, mithin das Recht des Pächters, einen Nachlaß am Pachtzinse zu verlangen, wenn durch außerordentliche Unglücksfälle die Fruchtgewinnung in beträchtlichem Maße geschmälert ist, begegnet vielfachem Widerspruch, dem schon deshalb Beachtung nicht wird versagt werden können, weil die geltenden bürgerlichen Rechte vorherrschend Remissionsansprüche anerkennen. Dabei darf aber nicht außer Betracht gelassen werden, daß es zur wirklichen Erhebung von Remissionsansprüchen nur äußerst selten kommt, weil zur Vermeidung weit aussehender und oft chikanöser Processe erfahrungsgemäß in den Pachtverträgen meistens der Verzicht des Pächters auf jeden Remissionsanspruch vereinbart wird. Deshalb kann es den wahren Bedürfnissen des Lebens wohl entsprechen, wenn das Gesetz dem Pächter derartige Ansprüche nicht giebt und es den Betheiligten überläßt, durch Vertragsbestimmungen einen etwaigen Nachlaß am Pachtzinse vorzusehen und in geeigneter Weise zu regeln.

8.

Die gänzliche Uebergehung der Viehleihe oder Viehverstellung (cheptel), zu deren gesetzlicher Regelung, sei es durch Reichsgesetz, sei es durch Landesgesetz, die Motive des Entwurfs ein Bedürfniß nicht anerkennen, giebt zu dringenden Beschwerden Anlaß. Zutreffend weisen die Motive darauf hin, daß in Deutschland, von dem Französischen Rechte und dem ihm nachgebildeten Badischen Landrecht abgesehen, die Gesetzgebung von der Regelung dieses Vertrages sich bisher ferngehalten hat. Die daran geknüpfte Bemerkung, daß die Regelung des Französischen Rechts sich anscheinend für Deutschland als völlig unpraktisch erwiesen hat, dürfte aber geeignet sein, Mißverständnisse hervorzurufen. Diese Regelung hat sich nicht bloß als völlig unpraktisch erwiesen, so daß ihre Beseitigung unbedenklich erscheinen könnte, sondern sie hat einem fluchwürdigen Wucher Thür und Thor geöffnet, zu dessen Unterdrückung der Ersatz der bisherigen verfehlten Regelung durch eine anderweite sachentsprechende unbedingt erforderlich ist. Aus dem preußischen Saargebiet und aus der bayrischen Pfalz werden immer von Neuem Klagen über den Viehwucher laut, und in der letzten Session des Landesausschusses von Elsaß-Lothringen ist das Eingreifen der Gesetzgebung aus überzeugenden Gründen gefordert.

Welche Hindernisse bestehen sollen, reichsgesetzlich die Gültigkeit des Vertrages von der Beobachtung der schriftlichen Form abhängig zu machen und den gewerbsmäßigen Viehhändlern die Eintragung der von ihnen geschlossenen Verträge in Register vorzuschreiben, ist nicht ersichtlich. Unausführbar wird es auch nicht sein, den Höchstbetrag des Gewinnantheils, welcher dem Viehhändler durch einen Vertrag rechtsgültig zugesichert werden darf, richtiger und praktischer zu bestimmen, als es der Code gethan hat. Wenn dann der Landesgesetzgebung die Freiheit gelassen wird, diesen Höchstbetrag nach Maßgabe der örtlichen Verhältnisse auf ein minderes Maß festzusetzen, so wird überall die nothwendige Regelung erfolgen können und jedenfalls der unberechenbare Nachtheil vermieden werden, daß auch noch die geringen Schranken, welche der Code der Wucherfreiheit zieht, einfach wegfallen, indem, wie die Motive befürworten, der Vertrag vorbehaltlos der Autonomie der Parteien überlassen wird. Daß der Vertrag in den verschiedensten Formen und Gestaltungen vorkommt, ist richtig. Deshalb mag es schwierig und vielleicht unerreichbar sein, mit Sicherheit alle Formen und Gestaltungen zu treffen, die Merkmale der hauptsächlichsten und am häufigsten vorkommenden werden sich aber unter einer Gesetzesbestimmung zusammenfassen lassen, und damit wäre den Verkehrsinteressen im Wesentlichen genügt.

9.

Der in § 559 des Entwurfs, welcher von dem Dienstvertrage handelt, aufgenommene Satz: „Gegenstand des Vertrages können Dienste jeder Art sein“, hat zu einer gewissen Entrüstung Anlaß gegeben, indem behauptet wird, dadurch seien Anwälte, Aerzte, Künstler u. s. w. dem einfachen Dienstmann gleichgestellt. Diese Behauptung ist unzutreffend. Der Entwurf regelt die Stellung der einzelnen Berufsstände überhaupt nicht, weder direkt, noch indirekt. Die Specialbestimmungen, welche eine solche Regelung enthalten, geben in Verbindung mit den allgemeinen Bestimmungen des Gesetzes über Leistungen und Gegenleistungen fast ausnahmslos für die Entscheidung etwaiger Streitfälle eine ausreichende Grundlage. Sollten aber ausnahmsweise von Angehörigen der erwähnten Berufsstände Leistungen übernommen sein, auf welche weder die vorbezeichneten Bestimmungen, noch die Vorschriften über Vollmacht und Auftrag Anwendung finden könnten, so wird dem Richter nichts übrig bleiben, als äußersten Falls die Bestimmungen über Dienste anzuwenden. Das wird er thun, auch wenn das Gesetz einen besondern Hinweis darauf nicht enthält, und deshalb dürfte es sich empfehlen, durch Streichung des angefochtenen Satzes die hervorgetretenen Bedenken hinwegzuräumen.

10.

Zu den Bestimmungen über die Bürgschaft ist angeregt, ob es sich nicht empfehlen möchte, die Gültigkeit des Vertrages von Beobachtung der schriftlichen Form abhängig zu machen und die Einrede der Vorausklage zu beseitigen. Der Grundsatz der Formfreiheit der Verträge entspricht der Rücksicht auf Treu und Glauben im Verkehr, aber angemessene Formvorschriften können dazu dienen, den Geschäftsunerfahrenen namentlich gegen den geriebenen Geschäftsmann wirksam zu schützen. Bei dem Bürgschaftsvertrage kommt namentlich in Betracht, daß die Uebernahme einer Bürgschaft nicht selten in leichtsinniger Weise erfolgt. Lästige Beschränkungen für den gesunden Verkehr würde das Erforderniß der schriftlichen Form nicht zur Folge haben, denn, abgesehen von Kaufleuten, wird unter geschäftsgewandten Betheiligten wohl kaum jemals ein Bürgschaftsvertrag nur mündlich geschlossen. Der Leichtsinn, welcher so oft bei Bürgschaften mitwirkt, kann nur verstärkt werden, wenn der Bürge sich darauf verläßt, daß er erst dann in Anspruch genommen werden kann, wenn die Forderung vom Hauptschuldner nicht beizutreiben ist. Die Aufnahme einer derartigen Beschränkung der Haftbarkeit des Bürgen in das Gesetz erscheint daher an sich von recht zweifelhaftem Werth. Außerdem wird derselbe als ein Bedürfniß des Verkehrs nicht bezeichnet werden können, da ein geschäftskundiger Mann mit Rücksicht auf die Stellung von Bürgen wohl ausnahmslos nur dann Kredit gewährt, wenn die Bürgen auf die Einrede der Vorausklage verzichten. Ein solcher Verzicht bietet zugleich den offenbaren Vortheil, daß in vielen Fällen Processe gegen zahlungsunfähige Schuldner und der damit verbundene Aufwand an Zeit und Kosten vermieden werden. Der Erwägung, daß ein Gläubiger aus bloßer Chikane den Bürgen in Anspruch nehmen sollte, obgleich er von dem Hauptschuldner ebenso rasch und sicher Befriedigung erlangen kann, wird gewiß ein ausschlaggebendes Gewicht nicht beizumessen sein. Zu den Zeiten des Kaisers Justinian dürfte die Uebernahme einer Personalbürgschaft vorwiegend als ein Akt der Liberalität erachtet und deshalb der Angriff des Gläubigers gegen den Bürgen, unter Uebergehung des Hauptschuldners, leicht als Chikane erschienen sein. Damals mag also für die Einführung der Einrede der Vorausklage, in angeblicher Erneuerung eines alten Gesetzes, ein Bedürfniß sich geltend gemacht haben. Heutzutage wird es den Anforderungen des Verkehrs entsprechen, wenn es den Betheiligten überlassen wird, bei Abschluß des Vertrages die Haftbarkeit des Bürgen zu beschränken, insofern und insoweit das den allseitigen Interessen entspricht.

11.

Nach dem Entwurf und dem Einführungsgesetz soll es den Landesgesetzgebungen überlassen werden, die Ertheilung sog. Unschädlichkeitsatteste zu regeln, auf Grund deren für den Fall der Abveräußerung eines Theiles von einem Grundstücke die Abschreibung frei von den Belastungen des Grundstückes zugelassen werden kann. Da die Einführung und Handhabung des Grundbuchrechts erfahrungsgemäß die Zulassung derartiger Unschädlichkeitsatteste unbedingt nothwendig macht, wird die Anregung, die maßgebenden Grundsätze reichsgesetzlich festzustellen, nicht unbeachtet bleiben können. Wenn den Landesgesetzgebungen die Bestimmung der zuständigen Behörden und die Regelung des von denselben zu beobachtenden Verfahrens überlassen wird, so erscheinen die landesrechtlichen Interessen gewahrt, so daß es nicht nothwendig ist, außerdem auch auf die reichsgesetzliche Regelung der maßgebenden materiellrechtlichen Grundlagen zu verzichten.

12.

Der Entwurf will die sämmtlichen Grundgerechtigkeiten (Servituten) dem Eintragungszwange unterwerfen. Es ist dies an sich eine unabweisliche Konsequenz des Grundbuchrechtes, wonach das Grundbuch über den rechtlichen Bestand eines jeden Grundstückes vollständig Auskunft geben soll. Von den verschiedensten Seiten ist aber dringend befürwortet worden, bezüglich der Grundgerechtigkeiten von der Konsequenz abzuweichen. Dabei ist hervorgehoben, daß die Vollständigkeit des Grundbuches nur erreicht werden kann, wenn auch die vor dem Inkrafttreten des zukünftigen Gesetzbuches zur Entstehung gelangten Servituten dem Eintragungszwang unterworfen werden. Dadurch müßte aber eine Ueberfülle widerwärtiger Processe ins Leben gerufen werden, namentlich auch, weil es thatsächlich in vielen Fällen außerordentlich zweifelhaft sei, ob wirklich eine Grundgerechtigkeit oder nur eine auf nachbarlicher Gefälligkeit beruhende Duldung vorliegt.

Gerade diese Erwägungen lassen sich zweifellos auch für Begründung der Nothwendigkeit des Eintragungszwanges verwerthen. Da es unbestritten recht häufig zweifelhaft ist, ob wirklich ein Servitut besteht oder nur nachbarliche Duldung angenommen werden kann, so liegt in allen derartigen unklaren Verhältnissen der Keim zu ärgerlichen Processen, wenn nicht zwischen den zeitigen Besitzern, so doch jedenfalls zwischen ihren etwaigen Rechtsnachfolgern. Der Aufgabe, in unklare Verhältnisse Klarheit hineinzubringen, wird sich aber der Gesetzgeber an sich nicht leicht entziehen können und um so weniger dann, wenn die Fortdauer der Unklarheit in Widerspruch mit der Konsequenz des von ihm als richtig erkannten und aufgestellten Systemes tritt.

Uebrigens mag anzuerkennen sein, daß jede aprioristische Regelung der hier vorliegenden Frage bedenklich erscheinen kann. Von wirthschaftlicher Seite ist aufgestellt worden: „die Nothwendigkeit und Bedeutung der Grundgerechtigkeiten sind Fragen, welche nur die Betheiligten beantworten können.“ Deßhalb kann es sich empfehlen, zunächst die Betheiligten zu befragen. Nachdem so über eine materielle, den wirthschaftlichen Interessen entsprechende Grundlage Einverständniß erzielt sein wird, ist dann der juristische Ausbau sachgemäßer Bestimmungen in Angriff zu nehmen. Dabei werden dann möglicherweise auch Verjährung und Ersitzung von Servituten, sowie die Frage zu regeln sein, welche Servituten im Falle der Veräußerung eines Grundstücks eine Gewährspflicht des Veräußerers dem Erwerber gegenüber begründen.

13.

Im Interesse der Erleichterung des Verkehrs wird eine Aenderung der Bestimmung des § 868 des Entwurfs gewünscht, wonach die Auflassung unbedingt vor dem Grundbuchamte erfolgen muß. Namentlich da, wo bisher gerichtliche oder notarielle Abgabe der Auflassungserklärungen gestattet ist, wird dieser Wunsch voraussichtlich dringende Unterstützung finden. Der Berücksichtigung desselben steht das Bedenken entgegen, daß eine solche Erleichterung zu Rechtsunsicherheit führen kann, weil dadurch die Möglichkeit gegeben ist, daß mehrfache Auflassungen vorgenommen werden, von welchen schließlich nur eine vor dem Grundbuchamte wirksam sein kann. An der Hand der Erfahrung werden sich die Betheiligten darüber zu einigen haben, ob die Rücksicht auf die Leichtigkeit oder die Rücksicht auf die Sicherheit des Verkehrs als ausschlaggebend zu erachten ist.

14.

Für die hypothekarische Belastung von Grundstücken schlägt der Entwurf vier Formen vor: die Buchhypothek (ohne Ertheilung eines Hypothekenbriefes), die Briefhypothek, die Sicherungshypothek und die Grundschuld. Diese Vorschläge sind weniger deshalb angegriffen, weil sie zu verwickelt seien, als deshalb, weil aus einer zu großen Leichtigkeit der hypothekarischen Belastung Nachtheile befürchtet werden. In dieser Beziehung ist gesagt worden: „Die Leichtigkeit der Aufnahme von Hypothekenschulden ist es, was dem Kreditwucher halbwegs entgegenkommt;" ferner „Nicht viel Kredit, sondern billiger und sicherer Kredit ist das, was der Landwirthschaft noth thut." Hiergegen ist vorweg zu bemerken, daß für die Billigkeit des Kredits die Leichtigkeit desselben in gewissem Sinne Vorbedingung ist. Wenn die hypothekarische Belastung die Erfüllung umständlicher Formalitäten erforderlich macht, so wird dadurch unvermeidlich Zeit- und Geldverlust verursacht und ferner die Gefahr von Zinsverlusten begründet, indem der Zeitpunkt, zu welchem der Gläubiger das Geld bereit halten muß, und der Zeitpunkt, mit welchem der Schuldner in den Genuß desselben treten kann, unverhältnißmäßig weit auseinanderfallen. Die Beanstandungen, welche im Allgemeinen mit Rücksicht auf die Leichtigkeit der hypothekarischen Belastung erhoben werden, scheinen hiernach kaum durchgreifend.

Im Besondern wird die beabsichtigte Aufnahme der Grundschuld bemängelt, weil die Verkehrsfähigkeit des Grundschuldbriefes sich derjenigen des Wechsels nähere und dadurch der Mobilisirung des Grundbesitzes vorgearbeitet werde. Diese Auffassung wird durch die Erfahrung nicht bestätigt. Danach hat die Anwendung der Grundschuld überhaupt nur im beschränkten Gebiete Eingang gefunden und dort vorwiegend dem Zweck gedient, die anstandslose Erlangung vorübergehenden Kredits zu ermöglichen. Thatsachen, welche zu dem Schluß berechtigen, daß die Ausfertigung von Grundschuldbriefen den Anlaß zu einer Mobilisirung des Grundbesitzes gegeben habe, sind nicht bekannt geworden. In Wirklichkeit scheint auch die Gefahr einer Mobilisirung des Grundbesitzes nicht durch die Leichtigkeit der hypothekarischen Belastung und die Verkehrsfähigkeit der darüber ausgefertigten Dokumente, sondern dadurch begründet zu werden, daß ausnahmslos jede Schuld des Besitzers, auch wider dessen Willen, zu einer hypothekarischen Belastung des Grundbesitzes führen kann. Deshalb ist das Verlangen aufgestellt, die Zwangsvollstreckung in Grundstücken nur aus hypothekarischen Forderungen zuzulassen. Dieses Verlangen ist offenbar zu weit gehend. Abgesehen davon, daß hierbei der Grundbesitz von Kaufleuten wohl ganz außer Acht gelassen ist, muß beispielsweise wegen Alimentenforderungen, wegen Ersatz des durch unerlaubte Handlungen verursachten Schadens, wegen Forderungen von Miterben und Vermächtnißnehmern u. dgl. das gesammte Vermögen des Schuldners in Anspruch genommen werden können. Hieran muß überhaupt unbedingt festgehalten werden in Ansehung aller Forderungen, bei deren Begründung es nicht in der Macht des Gläubigers steht, die Bestellung einer hypothekarischen Sicherheit zu erwirken. Anderweite Erwägungen aber treten hervor, wenn es sich um Forderungen handelt, welche durch eine vertragsmäßige Leistung des Gläubigers, z. B. Hingabe einer Geldsumme als Darlehn, begründet werden, bei welchen mithin die Entstehung der Forderung überhaupt von der Bestellung hypothekarischer Sicherheit abhängig gemacht werden kann. In allen derartigen Fällen erscheint es gerechtfertigt, auch der Frage Bedeutung beizulegen, ob die Vertragschließenden bei Begründung der Forderung die eventuelle Haftung des Grundbesitzes des Schuldners unzweideutig in Aussicht genommen haben, oder ob das nicht der Fall ist und im Gegentheil vielleicht wenigstens der eine Kontrahent, der Schuldner, auf das ganze Geschäft nur eingegangen ist in der Erwartung, daß eine Beitreibung aus dem Grundbesitz nicht erfolgen werde.

Die Annahme, daß bei Gewährung eines Kredits von keiner Seite die Rücksicht auf eventuelle Haftung des Grundbesitzes maßgebend gewesen ist, wird sich der Regel nach dann kaum von der Hand weisen lassen, wenn der Kredit gegen Wechsel gewährt worden ist. Der Wechsel ist dazu bestimmt, den Personalkredit zu erleichtern und zu vermitteln, und dient diesem Zweck hauptsächlich dadurch, daß sich die Forderung in der Wechselurkunde derart verkörpert, daß der Schuldner, wenn er die Urkunde anerkennen muß, im Großen und Ganzen mit Einwendungen gegen den rechtlichen Bestand der zu Grunde liegenden Forderung nicht gehört, vielmehr, ohne Rücksicht auf solche Einwendungen, im beschleunigten Wechselprozeß zur Zahlung der Wechselsumme verurtheilt wird. Wenn sich der Gläubiger für seine Forderung so weitgehende Sicherheiten hat bestellen lassen, so wird man annehmen dürfen, daß er den etwaigen Grundbesitz des Schuldners bei der Kreditgewährung nicht in Betracht gezogen hat, und jedenfalls wird die Annahme gerechtfertigt sein, daß der Schuldner, der sich einer so strengen persönlichen Haftbarkeit unterworfen hat, nicht außerdem noch seinen Grundbesitz hat belasten wollen. Selbstverständlich treffen diese Erwägungen nur für den reellen Verkehr zu; daß in wucherlichem Verkehr der Gläubiger von vorne herein auch auf den Grundbesitz des Schuldners speculirt und dieser sich über die wahren Absichten des Gläubigers kaum im Zweifel befinden kann, ist unbedenklich zuzugeben. Die Aufgabe des Gesetzes aber besteht darin, für den reellen Verkehr zu sorgen und den schädlichen Wirkungen des unreellen Verkehrs nach Möglichkeit entgegenzutreten. Deshalb wird sich das Verlangen kaum abweisen lassen, die Immobiliarzwangsvollstreckung einschließlich der Erwirkung einer Zwangshypothek aus Wechseln in Zukunft nicht mehr zuzulassen.

Daß die Bereicherungsforderungen gegen Aussteller oder Acceptanten aus präjudicirten Wechseln (Art. 83 W. O.) und Forderungen aus sog. abstrakten Schuldversprechen, deren Einführung in den §§ 863, 864 des Entwurfs vorgeschlagen ist, in Ansehung der Zwangsvollstreckung den Wechselforderungen gleichgestellt werden müßten, erscheint zweifellos.

Vielleicht ist es geeignet, manche Bedenken gegen die angeregte Beschränkung der Zwangsvollstreckung aus Wechseln abzuschwächen. wenn an die wiederholten fruchtlosen Versuche, eine Beschränkung der Wechselfähigkeit zu erwirken, erinnert wird. Dieselben sind, trotzdem die zur Begründung hervorgehobenen Mißstände theilweise anerkannt werden mußten, gescheitert, anscheinend weil die in der Beschränkung der allgemeinen Wechselfähigkeit liegende Bevormundung zu Widerspruch anregte. Von einer solchen Bevormundung kann aber keine Rede sein, wenn die Zwangsvollstreckung aus Wechseln, deren eigentlicher Bestimmung entsprechend, auf das bewegliche Vermögen beschränkt wird. Auf diesem Wege läßt sich der erstrebte Schutz des Grundbesitzes erreichen, ohne daß den Anschauungen der Jetztzeit über die individuelle Freiheit entgegengetreten wird.

Um einer Umgehung der etwa in Aussicht zu nehmenden Gesetzesbestimmungen vorzubeugen, ist angeregt, die Zwangsvollstreckung aus Forderungen, für welche Wechsel gegeben sind, allgemein auch dann zu beschränken, wenn nicht wechselmäßig geklagt, sondern die dem Wechsel zu Grunde liegende Forderung selbst geltend gemacht wird. Das würde allerdings den Schutz des Grundbesitzes verstärken, müßte aber zur Aufstellung von Bestimmungen führen, durch welche, wenn sie auch noch so sehr ins Einzelne gehen, die sämmtlichen in Betracht kommenden Fälle doch kaum getroffen werden könnten. Jedenfalls dürfte abzuwarten sein, ob in dieser Richtung annehmbare formulirte Vorschläge gemacht werden.

Selbst wenn der vorerwähnten Anregung nicht Folge gegeben werden sollte, würde auf Grund derselben Veranlassung zu nehmen sein, der Frage näher zu treten, ob aus der Natur der Forderungen eine Beschränkung der Zwangsvollstreckung gerechtfertigt werden könnte.

Das deutschrechtliche Princip verschiedenartiger rechtlicher Behandlung des unbeweglichen und des beweglichen Vermögens hat durch die Bestimmung des Artikels 275 des Handelsgesetzbuchs „Verträge über unbewegliche Sachen sind keine Handelsgeschäfte“ dahin Anerkennung und Bestätigung gefunden, daß der Grundbesitz nicht als Handelswaare zu erachten ist. Deshalb kann in Erwägung gezogen werden, ob sich eine Beschränkung der Zwangsvollstreckung wegen Forderungen aus Handelsgeschäften empfiehlt. Damit würde der gesammte Geschäftsverkehr derjenigen Händler getroffen, welche dem Landmann Vieh oder Inventarstücke auf Kredit verkaufen oder baares Geld vorschießen. Das sind aber gerade die Geschäfte, auf welche der Landmann eingeht in der Erwartung, daß er seinen Verbindlichkeiten ohne Einsetzung seines Grundbesitzes gerecht werden kann, während es Hauptzweck vieler Händler ist, die angeknüpfte Geschäftsverbindung so zu leiten und auszunutzen, daß sie den Landmann schließlich von Haus und Hof vertreiben und dessen Grundbesitz zum Gegenstande weiterer Geschäfte machen können. Niemand wird sich der Einsicht verschließen, daß ein Landgut zur Handelswaare im eigentlichsten Sinne des Worts gemacht wird, wenn der Besitzer durch ein Handelsgeschäft nach dem andern Schuld auf Schuld kontrahirt, so daß er dem Händler weichen muß, und wenn dieser dann im Wege der Ausschlachtung den gewonnenen Besitz stückweise verwerthet. Um seinen Zweck zu erreichen, darf der gewandte Händler nur in geschickter Weise, unter Benutzung der verschiedenen Konjunkturen, mit der Zwangsvollstreckung in den Grundbesitz drohen. Sobald dieses Mittel versagt, ist der Spekulation auf den Ruin ländlicher Besitzer der Lebensfaden unterbunden. Zweifellos entspricht es der Erfahrung, wenn gesagt ist, daß „die Erwirkung einer Zwangshypothek ein Glied in der Kette der Operationen zu sein pflegt, durch welche wucherische Gläubiger, besonders im Kreise des ländlichen Kleingrundbesitzes, den wirthschaftlichen Untergang ihrer Schuldner herbeiführen."

In dem Vorstehenden ist kurz auf die Gesichtspunkte hingewiesen, welche für eine Beschränkung der Zwangsvollstreckung zum Schutze des Grundbesitzes sprechen können. Dafür, ob auf eine solche Beschränkung überhaupt und eventuell in welchem Umfange Bedacht zu nehmen sei, werden die Anschauungen der Betheiligten von ausschlaggebendem Gewicht sein. Hier sollen nur noch wenige Bemerkungen hinzugefügt werden.

Bezüglich einer etwaigen Beschränkung der Zwangsvollstreckung würde es nicht nothwendig und kaum rathsam sein, zwischen ländlichem und städtischem Grundbesitz einen Unterschied zu machen, schon deshalb nicht, weil sonst dem Arbeiter, der ein Häuschen nebst Garten oder einer Parzelle Ackerland besitzt, ein wirksamer Schutz kaum gewährt werden könnte.

Zu der sich von selbst ergebenden Frage, ob die Zwangsvollstreckung aus hypothekarisch sicher gestellten Forderungen ausnahmslos, ohne Rücksicht auf die Entstehung und die Natur derselben, zulässig bleiben soll, ist darauf hinzuweisen, daß der Grundbesitzer geschützt aber nicht bevormundet werden soll. Die Hauptgefahr liegt in der drohenden Zwangshypothek. Allerdings kommen erfahrungsgemäß auch Verschleuderungen des Grundbesitzes durch freiwillige Hypothekbestellungen vor, das sind aber doch nur seltene Fälle.

Daraus, daß eventuell sich die Beschränkung der Zwangsvollstreckung in den Grundbesitz auch auf die in üblicher Weise gegen Kredit erfolgenden Ladeneinkäufe erstrecken würde, dürften Bedenken nicht zu entnehmen sein. Erfahrungsgemäß wird dieser Kredit ohne Rücksicht auf den Grundbesitz gewährt und zur Berichtigung der eingegangenen Verbindlichkeiten der Grundbesitz auch kaum in Anspruch genommen.

Falls ein Ausschluß der Zwangsvollstreckung in Grundbesitz wegen gewisser Forderungen in Aussicht genommen wird, so ist auch die Konkursordnung entsprechend zu ändern, um dem vorzubeugen, daß die ausgeschlossenen Forderungen an dem aus dem Verkauf der Grundstücke des Schuldners zu erzielenden Erlöse participiren.

Daß jede Beschränkung der Zwangsvollstreckung fortfallen muß, wenn der Schuldner selbst Kaufmann ist, wird einer weitern Begründung nicht bedürfen.

Gegen die Sicherungshypothek sind Bedenken geltend gemacht, welche sich weniger gegen den Inhalt und die Bedeutung des Instituts, als gegen dessen juristische Konstruktion richten. In der That scheint es auch den richtig erkannten Bedürfnissen des Verkehrs durchaus zu entsprechen, wenn die Sicherung von Forderungen durch eine nicht verkehrsfähige Hypothek gestattet wird, welche nach keiner Richtung hin eine selbstständige von der unterliegenden Forderung losgelöste Bedeutung erlangen kann. Namentlich für die sog. Kredithypothek ist wohl überall ein Bedürfniß hervorgetreten, um die Gewährung fortlaufenden, in seiner Höhe wechselnden Kredits zu ermöglichen. Wenn, wie zu erwarten steht, das Institut der Sicherungshypothek im Princip beibehalten wird, so dürfte die technisch juristische Ausgestaltung desselben besondere Schwierigkeiten kaum bieten.

In Ansehung der sog. Buchhypothek und der Briefhypothek ist die Frage aufgeworfen, ob denn neben Grundschuld und Sicherungshypothek ein Bedürfniß für Einführung beider Institute anzuerkennen ist. Die Frage erscheint wohl berechtigt. Mittels der Grundschuld kann ein Grundstück in der Weise hypothekarisch belastet werden, daß die hypothekarische Haftung von der Beziehung auf eine unterliegende persönliche Schuld gänzlich losgelöst wird. Mittels der Sicherungshypothek kann eine Forderung in der Art hypothekarisch sicher gestellt werden, daß das verhaftete Grundstück nur insoweit in Angriff genommen werden kann, als die Forderung wirksam geltend gemacht wird. Zwischen diesen Instituten stehen die möglichen Ausgestaltungen der Hypothek, welche zwar den Zusammenhang zwischen der dinglichen Haftung und der persönlichen Schuld aufrecht erhalten, daneben aber der Hypothek durch Beschränkung der gegen die dingliche Klage zulässigen Einwendungen und durch das Institut der Eigenthümerhypothek eine selbstständige Bedeutung zuweisen. Die Aufrechthaltung einer zwar accessorischen, aber einer gewissen Selbstständigkeit fähigen Hypothek entspricht dem bisherigen Zustand in der überwiegenden Mehrzahl der Bezirke und wird schon deshalb unzweifelhaft durchdringen. Aber für die Bildung zweier Formen einer solchen Hypothek scheint kein Bedürfniß zu bestehen, vielmehr die Beseitigung der Buchhypothek kaum bedenklich zu sein. Ohne auf die gegen die Buchhypothek erhobenen Einwände näher einzugehen, soll nur hervorgehoben werden, daß die Streichung derselben eine sehr erhebliche und gewiß erwünschte Vereinfachung des gesammten Grundbuchrechts zur Folge haben würde. Wenn diesem praktischen Gesichtspunkt die Beachtung nicht versagt wird, läßt sich wohl erwarten, daß die Betheiligten unschwer zu einer Einigung darüber gelangen werden, welche der vier vorgeschlagenen Formen der hypothekarischen Belastung beizubehalten und wie dieselben auszugestalten sind.

Bezüglich der sog. Eigenthümerhypothek scheinen Einwendungen sowohl gegen die Aufnahme des Instituts an sich, als auch gegen die von dem Entwurf vorgeschlagene Ausgestaltung desselben erhoben zu werden. Durch das Institut wird im Wesentlichen der

Zweck verfolgt, dem Eigenthümer eines Grundstücks nach Erlöschen einer Hypothek die anderweite Verfügung über die freigewordene Stelle zu ermöglichen. Daß die Erreichung dieses Zwecks der Billigkeit entspricht, läßt sich nicht bestreiten. Der Eigenthümer wird in seiner Kreditfähigkeit wesentlich geschädigt, wenn er die zur ersten Stelle eingetragene Hypothek abstößt und demnächst bei erneutem Kreditbedürfniß nur zur letzten Stelle, vielleicht hinter recht bedeutenden Posten, Sicherheit gewähren kann. Die nacheingetragenen Gläubiger haben andrerseits nicht den geringsten Anspruch darauf, daß durch Abzahlung einer voreingetragenen Post die ihnen gewährte Sicherheit durch Aufrücken ihrer Hypotheken erhöht wird. Das verkennen die Gegner der Eigenthümerhypothek auch nicht und wollen deshalb den Rücksichten der Billigkeit auf den verschiedensten Wegen Rechnung tragen. Ein näheres Eingehen hierauf kann sich wohl erübrigen, wenn erwogen wird, daß die Vorschläge des Entwurfs nicht auf Erfindung der Verfasser, sondern auf dem Rechtszustand beruhen, der in der historischen Entwickelung des preußischen Hypotheken- und Grundbuchrechts nach Maßgabe der Bedürfnisse des Verkehrs herausgewachsen ist. Die Bestimmungen des Preußischen Landrechts über das Erlöschen von dinglichen Rechten für die Fälle, in denen sich das Forderungsrecht und das Eigenthum der belasteten Sache in einer Hand vereinigen, erwiesen sich alsbald für den Hypothekenverkehr als unzureichend. Deshalb wurde bereits durch einen Anfangsparagraphen der Grundsatz zur Geltung gebracht, daß Hypothekenrechte durch die bloße Vereinigung ihres Eigenthums mit dem Eigenthum des verpflichteten Grundstücks in einer Person nicht aufgehoben werden, und daß der Eigenthümer, solange er die Löschung des Hypothekenrechts nicht erwirkt habe, dasselbe gültig an einen andern abtreten könne. Da nach dieser Fassung für den Zweifel Raum blieb, ob die Vorschrift auch dann Anwendung finde, wenn von dem Eigenthümer des Grundstücks die Zahlung der darauf eingetragenen Forderung erfolgt sei, so wurde dieser Zweifel durch eine Deklaration aus dem Jahre 1824 beseitigt und zugleich verordnet, daß der zahlende Eigenthümer alle Rechte eines Cessionars der Hypothek genießen solle, ohne Unterschied, ob ihm bei der Auszahlung eine förmliche Cession oder nur eine Quittung ertheilt worden sei. Der hiernach sich ergebende

Rechtszustand wurde in das Eigenthumserwerbsgesetz von 1872 aufgenommen und im Einzelnen weiter ausgebildet. Die Vorschläge des Entwurfs schließen sich enge an die Bestimmungen dieses Gesetzes an und sehen somit lediglich die allgemeine Ausdehnung eines Rechtszustandes vor, der sich da, wo er besteht, seit Jahren bewährt hat und deshalb voraussichtlich unbedingt festgehalten werden wird. Danach wird sich hoffen lassen, daß die Beseitigung des Widerstandes gegen die Eigenthümerhypothek im Laufe der weiteren Berathungen zu erreichen ist.

15.

Aus landwirthschaftlichen Kreisen wird der Vorschlag:

„dem Eigenthümer und namentlich dem Pächter ländlicher Grundstücke Rechtsbehelfe an die Hand zu geben, die es ihm ermöglichen, sich durch faustpfandähnliche Verpfändung der hängenden und aufstehenden Früchte, des schlagbaren Holzes und des Inventars vorübergehend Kredit zu verschaffen"

dringend befürwortet. Insoweit die Betheiligten darzuthun vermögen, daß für die Annahme dieses Vorschlags ein unabweisliches Bedürfniß besteht, wird der Versuch zu machen sein, ob sich Bestimmungen der erstrebten Art mit den Grundanschauungen, auf welchen das Immobiliarsachenrecht des Entwurfs beruht, vereinigen lassen.

16.

Der § 1227 des Entwurfs lautet:

„Durch das Verlöbniß wird eine Verbindlichkeit der Verlobten zur Schließung der Ehe nicht begründet."

Allerdings sind dann Bestimmungen über die rechtlichen Folgen des unberechtigten Rücktritts von einem Verlöbniß angeschlossen, wodurch die Bedeutung des wiedergegebenen Satzes klar wird. Aber zu demselben ist wohl mit Recht bemerkt worden: „Dem Laien kann man doch das Lesen des Gesetzbuches nicht verbieten, und durch solchen Satz muß er irre geführt werden, indem er rechtliche und sittliche Pflicht verwechselt." Nothwendig ist der Satz für die Vollständigkeit des Gesetzbuchs überhaupt nicht, er wird daher wohl gestrichen und vielleicht durch angemessene Vorschriften über die rechtlichen Folgen eines unter Beobachtung bestimmter Formen geschlossenen Verlöbnisses ersetzt werden können.

17.

Die Bestimmnng des § 1245 Absatz 2 des Entwurfs:

„Wenn ein Standesbeamter außerhalb seines Amtsbezirks — als Standesbeamter handelt, so gilt er nicht als Standesbeamter"

würde zur Folge haben, daß eine von einem Standesbeamten außerhalb seines Amtsbezirks geschlossene Ehe nichtig wäre. Diese Bestimmung ist beanstandet mit der Begründung, es sei kaum anzunehmen, daß ein Standesbeamter außerhalb seines Bezirks *wissentlich* fungiren sollte, eventuell könnte dem durch energische Strafandrohungen entgegengewirkt werden. Es dürfte sich wohl eine nochmalige eingehende Prüfung empfehlen, ob ein ausreichender Grund vorliegt, die außerhalb des Amtsbezirks geschlossene Ehe als nichtig zu erachten.

18.

Nach den Bestimmungen des Entwurfs soll die Scheidung einer Ehe nur erfolgen, wenn schuldhaftes Verhalten eines Ehegatten eine derartige Maßnahme rechtfertigt. Von verschiedenen Seiten wird befürwortet, darauf Gewicht zu legen, ob das Fortbestehen des ehelichen Bandes unter den gegebenen thatsächlichen Verhältnissen unerträglich erscheint. Die Hauptfrage ist dabei, ob unheilbare Geisteskrankheit als Scheidungsgrund anerkannt werden soll.

Alle in dieser Beziehung in Betracht kommenden Gesichtspunkte sind so erschöpfend erörtert, daß sich irgend etwas Neues darüber nicht würde sagen lassen. Die Grundlagen für die zu treffende Entscheidung sind ausreichend vorbereitet. Die Entscheidung selbst, welche dem Rechts- und Sittlichkeitsgefühl der Bevölkerung entsprechen soll, kann nur mit den berufenen Vertretern des Volks vereinbart werden.

19.

Gegen die gesammte Regelung des Familienrechts im Entwurf sind gewichtige Bedenken erhoben, welche in ihrem wirklichen Grunde auf den Zweifel zurückgehen, „ob der ordentliche Richter im Privatrechtsstreit die geeignete Behörde für Familienzwistigkeiten ist".

Scharf und in einer kaum anfechtbaren Weise werden in dem Entwurf die persönlichen und vermögensrechtlichen Pflichten und Rechte, welche unter Ehegatten, sowie zwischen Eltern und Kindern bestehen, entwickelt und die daraus sich ergebenden „Ansprüche“ hergeleitet.

Das ist unbedenklich als ein großer Vorzug anzuerkennen, dessen Werth aber beeinträchtigt wird, wenn im Streitfalle alle diese Ansprüche auf dem Proceßwege zur Geltung gebracht werden müssen. Daß ein Anspruch an sich geeignet erscheint, die Zuständigkeit des Proceßrichters für die Entscheidung im Streitfalle zu begründen, zwingt noch nicht dazu, die Erledigung des Streits auf den Proceßweg zu verweisen. Die gleichen Ansprüche können je nach den persönlichen Beziehungen, welche unter den Betheiligten obwalten, in recht verschiedenem Lichte erscheinen. Namentlich können Ansprüche zwischen Ehegatten während bestehender Ehe zwischen Eltern und Kindern und ferner auch zwischen Miterben eine besondere Art der Beurtheilung dringend erheischen, die ihnen nicht zu Theil werden kann, wenn sie nach den Regeln der Proceßordnung zum Austrage gebracht werden müssen. Das ist auch von jeher erkannt und hat zur Schaffung von Einrichtungen einer sog. freiwilligen Gerichtsbarkeit geführt. Aber es herrschen nicht nur in der Art dieser Einrichtungen, sondern auch in der Abgrenzung der Gebiete der streitigen und der freiwilligen Gerichtsbarkeit die größten Verschiedenheiten, deren Beseitigung im Interesse der Rechtseinheit dringend erwünscht erscheinen muß. Der Erreichung dieses Ziels dienen die Vorschläge des Entwurfs über Mitwirkung des Vormundschaftsgerichts bezw. des Familienraths bei Ausübung der elterlichen Gewalt und bei Erledigung der Vormundschaftssachen. Schon in diesen Beziehungen läßt sich wohl die Ansicht vertreten, daß die Abgrenzung zwischer streitiger und freiwilliger Gerichtsbarkeit mehr, als es der Entwurf in Aussicht nimmt, zu Gunsten der letzteren erfolgen kann. Eingehendster Erwägung aber scheint es werth, ob und eventuell inwieweit sich das Gebiet der freiwilligen Gerichtsbarkeit auf Ehe- und Erbschaftsangelegenheiten ausdehnen läßt.

Nicht ganz mit Unrecht ist aufgestellt worden, daß nach den Bestimmungen des Entwurfes eine Ehe von fortlaufender Proceßführung zwischen den Ehegatten begleitet sein kann. Sowohl die

Geltendmachung der persönlichen Rechte und Pflichten, als auch die Entscheidung über Ansprüche auf Ertheilung von Einwilligung und Genehmigung zu Rechtsgeschäften, auf Vornahme von Rechtsgeschäften u. dgl. sind auf den Proceßweg verwiesen. Als Beispiele mögen die Vorschriften der §§ 1320 und 1321 angeführt werden. Dieselben lauten wörtlich:

§ 1320.

Wird ein Rechtsgeschäft zum Zwecke der ordnungsmäßigen Verwaltung des Ehegutes erforderlich, so kann die Ehefrau von dem Ehemann verlangen, daß dieser nach ihrer Wahl entweder als ihr Bevollmächtigter das Geschäft vornehme oder in dessen Vornahme durch sie selbst einwillige.

§ 1321.

Die Ehefrau kann die Einwilligung des Ehemannes in die Verwendung von Ehegut und in die Eingehung einer vermögensrechtlichen Verpflichtung verlangen, wenn die Verwendung oder die Eingehung der Verpflichtung zur ordnungsmäßigen Besorgung ihrer persönlichen Angelegenheiten erforderlich ist.

Daß es dem Wesen der Ehe entspricht, wenn die hier vorgesehenen Entscheidungen während bestehender Ehe auf dem Proceßwege getroffen werden, wird voraussichtlich erheblichen Zweifeln begegnen, die Erledigung solcher Angelegenheiten in einem Verfahren der freiwilligen Gerichtsbarkeit kann zweckmäßiger erscheinen.

Da die Civilproceßordnung die Vornahme des Sühneversuchs, welcher der mündlichen Verhandlung über eine Ehescheidungsklage oder einer Klage über Herstellung des ehelichen Lebens vorhergehen muß, dem Amtsgerichte zugewiesen hat, so würde es nahe liegen, auch die Erledigung der hier berührten Angelegenheiten durch die Amtsgerichte vorzusehen. Dagegen würden sich aber mit Rücksicht auf die sittliche Bedeutung aller ehelichen Verhältnisse Bedenken erheben lassen, die auch dadurch nicht beseitigt werden könnten, wenn etwa das Institut des Familienraths lebensfähiger gestaltet und zu angemessener Mitwirkung herangezogen werden sollte. Entschieden vorzuziehen wäre es, wenn über Meinungsverschiedenheiten von Ehegatten während bestehender Ehe von einer Kammer des Landgerichts in nicht öffentlicher Sitzung und in einem abgekürzten Verfahren ohne Anwaltszwang entschieden würde.

Aehnliche Einrichtungen haben sich im Geltungsbereich des rheinischen Rechts wohl bewährt.

Des Weitern treten bei Auseinandersetzungen zwischen dem einen Ehegatten und den Erben des andern und überhaupt bei allen Erbauseinandersetzungen Fragen hervor, in Ansehung deren die Verweisung der Entscheidung in das Gebiet der freiwilligen Gerichtsbarkeit nahe liegt. Darüber, wie ein Gegenstand bis zur Ausführung der Theilung zu verwalten und zu nutzen ist, ob ein Gegenstand in Natur theilbar ist oder nicht, unter welchen Bedingungen ein Gegenstand versteigert werden soll u. dgl., können die Meinungen der Betheiligten soweit auseinandergehen, daß die Einholung einer richterlichen Entscheidung unvermeidlich wird, aber deshalb bedarf es doch noch keines Processes. Der Entwurf will zwar bei Erbauseinandersetzungen eine Mitwirkung des Nachlaßgerichts eintreten lassen, aber dessen Thätigkeit soll, wie die Vorschrift des § 2156 zeigt, eine lediglich vermittelnde sein. Damit wird das unbedenklich der freiwilligen Gerichtsbarkeit angehörige Gebiet nicht erschöpft. Wo bereits vor Erlaß der Reichsjustizgesetze Einrichtungen bestanden, um Auseinandersetzungen unter richterlicher Leitung, soweit thunlich, mit Vermeidung von Processen zu bewerkstelligen, sind dieselben beibehalten. In anderen Rechtsgebieten, namentlich unter der Geltung der rheinisch-französischen Gesetzgebung, welche für die vorgeschriebene Mitwirkung der Gerichte fast ausnahmslos ein processuales Verfahren mit Anwaltszwang vorgeschrieben hat, ist nach dem 1. October 1879 durch Gesetz eine Ausscheidung der dem Gebiet der freiwilligen Gerichtsbarkeit zuzuweisenden Maßnahmen vorgenommen und deren Erledigung in einem außerprocessualen Verfahren vor den Amtsgerichten als Behörden der freiwilligen Gerichtsbarkeit geordnet. Das hat sich, soweit bekannt geworden, wohl bewährt, so daß zu erwarten ist, daß auch nach Herstellung eines einheitlichen bürgerlichen Rechts die bereits erfolgte Regelung der freiwilligen Gerichtsbarkeit beibehalten werden und in denjenigen Gebieten, wo es daran fehlt, eine entsprechende Regelung alsbald vorgenommen werden wird.

Danach möchte es wohl durch ein allgemeines Bedürfniß erfordert werden, daß das Gebiet der freiwilligen Gerichtsbarkeit im Wege der Reichsgesetzgebung einheitlich abgegrenzt und Vorschriften über das anzuwendende Verfahren in weiterem Umfange als bisher in Aussicht genommen ist, erlassen werden.

Dagegen, daß dieser Anregung Folge gegeben wird, werden besondere Bedenken nicht zu erheben sein. Die von dem Entwurf vorgeschlagenen Bestimmungen werden sachlich ihrem Inhalt nach nicht berührt, wenn etwaige Streitigkeiten über Erfüllung der daraus sich ergebenden Ansprüche auf einem andern als dem Proceßwege geschlichtet werden. Einer Aenderung der Civilproceßordnung bedarf es nicht, da dieselbe den Begriff des proceßfähigen Anspruchs nicht aufstellt und bestimmt, sondern als durch das bürgerliche Recht gegeben voraussetzt. Eine weitergehende Organisation von Behörden, als sie ohnehin unvermeidlich erscheint, wird nicht erfordert, denn den Vormundschaftsgerichten, welche nach den Bestimmungen des Entwurfs in allen Gebieten errichtet werden müssen, kann die freiwillige Gerichtsbarkeit, soweit nicht für Ehesachen die Landgerichte als zuständig erachtet werden sollten, überwiesen werden.

Die etwaige Befürchtung, daß berechtigte Interessen der Betheiligten durch Beschränkung des ordentlichen Proceßweges gefährdet werden könnten, würde nicht begründet sein. Durch mündliche Aussprache vor dem Richter der freiwilligen Gerichtsbarkeit, wobei die Zuziehung von Rechtsbeiständen nach Bedürfniß statthaft ist, kann das Sach- und Rechtsverhältniß vollständig klar gestellt werden. Die Anordnungen des Richters können auf erhobene Beschwerde einer Nachprüfung durch ein höheres Gericht unterzogen werden und schließlich kann durch Gewährung des Rechtsmittels der weitern Beschwerde an das Reichsgericht auch auf diesem Gebiet die Herstellung einer wahren Rechtseinheit mit wirksamem Erfolg angebahnt werden. Eine unliebsame Mehrbelastung der Gerichte ist nicht zu erwarten, denn erfolgreiche Ausübung der freiwilligen Gerichtsbarkeit muß dazu führen, daß langwierige, einen bedeutenden Arbeitsaufwand erfordernde Processe vermieden werden. Berücksichtigt man, daß in solchen Processen fast immer Personen, die einander besonders nahe stehen, die Parteien sind, so wird die Vermeidung eines jeden derartigen Processes im Hinblick auf die Erhaltung des Familienfriedens schon an sich als ein hoher Gewinn zu erachten sein. Dabei mag auch nicht unerwähnt bleiben, daß die gütliche Erledigung einer Angelegenheit im Wege der freiwilligen Gerichtsbarkeit die Ersparung eines recht erheblichen Kostenbetrages ermöglicht, der andernfalls bei Durchführung eines Processes aufgewendet werden müßte.

20.

Von vielen Seiten wird befürwortet, den unehelichen Kindern eine bessere rechtliche Stellung einzuräumen, als sie der Entwurf vorsieht. Die in letzterem vertretene Anschauung, daß derjenige unterhaltspflichtig sein soll, der mit Wahrscheinlichkeit als Erzeuger des Kindes erachtet werden kann, scheint erheblichen Einwendungen nicht zu begegnen. Ob den Anregungen, die Unterhaltspflicht auch auf die Verwandten, namentlich die Eltern des Erzeugers auszudehnen und den unehelichen Kindern ein mäßiges Erbrecht zu gewähren, stattzugeben sein müßte, scheint vorwiegend eine Frage der Billigkeit und Zweckmäßigkeit. Der Forderung, den Eintritt des unehelichen Kindes in die Familie des Erzeugers vorzusehen, wird das Bedenken entgegengesetzt werden können, daß diejenigen Voraussetzungen, welche zur Begründung vermögensrechtlicher Ansprüche genügend erscheinen, doch vielleicht nicht als ausreichend zu erachten sind, um dem unehelichen Kinde die Stellung eines Familienmitgliedes zu gewähren.

Der Wunsch, die Zeitdauer der Unterhaltspflicht auszudehnen, wird in der Entwickelung der Verhältnisse eine Stütze finden. Der Beschränkung der Unterhaltspflicht auf die Zeit bis zum vollendeten vierzehnten Lebensjahre des Kindes dürfte der Gedanke zu Grunde liegen, daß dem Recht und der Billigkeit genügt sei, wenn das Kind in die Lage versetzt werde, sich durch Gesinde- oder Tagelöhnerdienste der einfachsten Art durchs Leben zu helfen. Nachdem aber zufolge der Durchführung der allgemeinen Schulpflicht jedes Kind in den Besitz eines gewissen Maßes von Bildung gelangt, wird sich der Gedanke nicht abweisen lassen, daß demselben die Möglichkeit, diese Bildung in angemessener Weise etwa durch Erlernung eines Handwerks zu verwerthen, nicht vorweg abgeschnitten werden darf. Durch Erstreckung der Unterhaltspflicht etwa bis zum vollendeten sechzehnten oder achtzehnten Lebensjahre könnte diesem Gedanken wirksam Rechnung getragen werden.

21.

Die in großen Bezirken durch langjährige Uebung eingebürgerte Errichtung gemeinschaftlicher Testamente von Ehegatten giebt zu erheblichem Widerspruch gegen die beabsichtigte Beseitigung dieses Institutes Anlaß. Wenn, wie behauptet wird, die Bedürfnisse des Lebens die Erhaltung desselben fordern, werden die Rücksichten auf die Rechtslogik, welche für die Aufhebung sprechen, vielleicht zurücktreten können.

22.

Gegen die Vorschläge des Entwurfs, ein Erbrecht der Seitenverwandten ohne Begrenzung des Grades der Verwandtschaft anzuerkennen, haben sich gewichtige Stimmen erhoben. So heißt es beispielsweise: „daß der Entwurf für die gesetzliche Erbfolge gar keine Grenzen hat, wird schwerlich irgendwo Billigung finden"; ferner: „das Erbrecht sollte bei den Urgroßeltern, äußersten Falls bei den Ur-Urgroßeltern abschließen"; weiter: „Wir werden die Ueberspannung des Erbrechts durch Erstreckung in das Unbegrenzte abschütteln und jenseit der Verwandtschaftsgrade, innerhalb deren erfahrungsgemäß der Familienzusammenhang seine organische Kraft erschöpft, den Heimfall des Vermögens in die Allgemeinheit eintreten lassen." Diese Anschauungen werden als unbegründet nicht bezeichnet werden können.

Abgesehen von den Bestimmungen über den Pflichttheil und dem etwaigen Einfluß der ehelichen Gütergemeinschaft, wird von dem Entwurf in Uebereinstimmung mit den zur Zeit in Deutschland geltenden bürgerlichen Rechten die volle Testirfreiheit anerkannt, so daß, wenn Seitenverwandte zur Erbschaft berufen sein würden, der Erblasser in der Verfügung über seinen Nachlaß nicht beschränkt ist. Für die Regelung der in Ermangelung einer letztwilligen Verfügung eintretenden gesetzlichen Erbfolge der Seitenverwandten kann daher nur die Erwägung maßgebend sein, daß dieselbe dem muthmaßlichen Willen des Erblassers entspreche. Für den Fall aber, daß Jemand stirbt und nur Seitenverwandte entfernterer Grade hinterläßt, giebt es keinerlei Anhaltspunkte, um im Voraus zu ermitteln, welchem derselben er sein Vermögen muthmaßlich habe zuwenden wollen. Die Rücksicht, das Vermögen in der Familie zu erhalten, kann für die Erstreckung des gesetzlichen Erbrechts auf entfernte Verwandte nicht in's Feld geführt werden, denn in allen Fällen, in welchen der zur Erbschaft Berufene verheirathet ist oder nahe Verwandte hat, welche einer andern Familie angehören, gelangt nach seinem Tode voraussichtlich das Vermögen in völlig fremde Hände. Man kann wohl die Ansicht vertreten, daß derjenige, welcher von der Testirfreiheit zu Gunsten entfernter Verwandter keinen Gebrauch macht, damit zu erkennen giebt, daß er dieselben von seiner Erbschaft ausschließen will. Alsdann kann aber für das Gesetz kein Anlaß gegeben sein, durch die Berufung solcher Erben dem erkennbaren Willen des Erblassers entgegenzuwirken.

Daß die Beschränkung des gesetzlichen Erbrechtes nach irgend einer Richtung hin Nachtheile zur Folge haben könnte, ist nicht ersichtlich, dagegen würde es für das gesammte Rechtsleben förderlich sein, wenn Berechnungen auf weitaus sehende Erbansprüche abgeschnitten und umständliche, kostspielige Maßnahmen zur Ermittelung etwaiger Erben vermieden würden.

XI.

Die weitere Behandlung.

Die sämmtlichen vorstehend kurz berührten Fragen und eine Menge anderer von gleicher oder größerer Bedeutung können offenbar ohne thätige Mitwirkung der Vertreter des Volks endgültig nicht entschieden werden. Der Weg, auf welchem diese Mitwirkung in Anspruch genommen werden kann, ist durch die Reichsverfassung vorgezeichnet. Soweit sich übersehen läßt, wird aber von der Mehrzahl der Beurtheiler, auch von denjenigen, welche dem Entwurf im Ganzen günstig gestimmt sind, vorwiegend die Ansicht vertreten, daß der verfassungsmäßige Weg noch nicht zu betreten, vielmehr durch weitere kommissarische Vorarbeiten die Entscheidung über die in das Gesetzbuch aufzunehmenden Bestimmungen vorzubereiten sei.

Diese Ansicht beruht theils auf der Erwartung, daß es gelingen könne, einen Entwurf herzustellen, dessen Annahme en bloc seitens des Reichstags gesichert sei, und theils auf der Anschauung, daß der Entwurf in seiner gegenwärtigen Beschaffenheit nicht geeignet sei, als Vorlage für den Reichstag benutzt zu werden.

An der Berechtigung der angedeuteten Erwartung einer Annahme en bloc wird man wohl zweifeln dürfen. Die Vorschriften der Reichsverfassung würden allerdings der Erfüllung derselben nicht geradezu widersprechen, aber es fehlt doch wohl an jedem Anhalt dafür, daß der Reichstag auf eingehende Berathung einer so wichtigen Vorlage verzichten könnte. Und das würde auch kaum erwünscht sein, da es sich um die rechtliche Regelung der wichtigsten Lebens- und Verkehrsverhältnisse des gesammten Volkes handelt.

Wenn gesagt worden ist: „Unser bürgerliches Gesetzbuch kann und darf uns nicht als das schweigend hingenommene Geschenk einer Juristenkommission gespendet werden", so liegt es sehr nahe, diesen Satz dahin auszudehnen: Das Gesetzbuch darf überhaupt nicht als Geschenk irgend einer Kommission schweigend hingenommen werden. Das Gesetzbuch soll und muß das Ergebnis verfassungsmäßiger Berathung und Feststellung sein; nur kann man darüber in Zweifel sein, ob sich dieses Ergebnis auf dem gewöhnlichen Wege werde erreichen lassen. Deshalb wird von verschiedenen Seiten nach Mitteln gesucht, um unter Heranziehung aller betheiligten Kreise einen anderweiten Entwurf herzustellen, welcher demnächst ohne erhebliche Aenderungen zum Gesetz erhoben werden kann.

Der bedeutsamste in dieser Beziehung gemachte Vorschlag ist dahin zusammengefaßt: „Die endgültige Würdigung der Stellung des Gesetzbuches zu den Lebensfragen unseres Volkes wird den gesetzgebenden Körperschaften des Reiches obliegen. Aber weder der Reichstag noch der Bundesrath werden in der Lage sein, den Entwurf von Grund aus zu ändern und da, wo die Hauptsache verfehlt ist, bessernd einzugreifen. Sie werden im Wesentlichen nur die Wahl zwischen Ja und Nein haben. Alles hängt daher davon ab, daß noch im Vorbereitungsstadium der Entwurf eine Umgestaltung erfahre, bei welcher die Stimme des Volkes gehört wird. — Dies zu erreichen, giebt es kein anderes Mittel, als bei der Zusammensetzung der neuen Kommission den bisher festgehaltenen Standpunkt der fachmäßigen Abschließung aufzugeben. Juristen gehören in die Kommission, Theoretiker wie Praktiker. Dabei wird der Zusammenhang mit der alten Kommission zu wahren, vornehmlich jedoch die Gewinnung neuer Kräfte in's Auge zu fassen sein. Daß der unselige Mißgriff, welcher die Wissenschaft des deutschen Rechts von jeder thätigen Mitwirkung bei der Herstellung des Entwurfes eines Deutschen Gesetzbuches ausgeschlossen hat, gesühnt werden muß, bedarf nur der Andeutung. Vor allem aber darf die gelehrte Privatrechtsjurisprudenz nicht wieder allein zu Worte kommen. Dringend erforderlich ist eine Vertretung des öffentlichen Rechts durch einsichtige Verwaltungsbeamte. Auch die Theilnahme eines hervorragenden Nationalökonomen ist schwer zu entbehren. Unerläßlich endlich ist die Zuziehung sogenannter „„Laien““, gebildeter Männer, die kraft ihres Berufes mitten im Leben stehen und mit den Anschauungen und Bedürfnissen des Volkes vertraut sind. Besitzen sie zugleich Rechtskunde, so werden sie um so geeigneter sein, vorausgesetzt nur, daß sie den innern Gehalt ihres Denkens über das Recht nicht aus Büchern, sondern aus dem Leben schöpfen. Den „„Laien““ ist selbstverständlich volles Stimmrecht einzuräumen; die Juristen aber müßten die Minderheit bilden. Bei einer derartigen Zusammensetzung der Kommission ließe sich zugleich durch Betheiligung von Reichstagsmitgliedern im voraus Fühlung mit dem Reichstage gewinnen.“

Den allgemeinen Grundgedanken dieses Vorschlages wird man durchweg zustimmen können, alsdann aber auch unvermeidlich sich die Fragen stellen müssen, warum diese Arbeit aufgewendet werden soll, um einen anderweiten Entwurf herzustellen und nicht vielmehr, um das zukünftige Gesetzbuch zu gestalten. Sobald dem Reichstag ein Entwurf zugeht, überweist er denselben zweifellos einer Kommission, bei deren Zusammensetzung er von den sachgemäßen, in dem Vorschlage aufgestellten Gesichtspunkten kaum abweichen wird. Auch der Bundesrath dürfte sich von denselben im Wesentlichen bei der Auswahl der Kommissare leiten lassen, welche er zur Vertretung der Vorlage ernennt. Bei solchem Vorgehen wird die Fühlung mit Reichstag und Bundesrath erhalten und, da die Ergebnisse der Kommissionsverhandlungen nicht geheim gehalten werden, zugleich die Fühlung mit allen Kreisen der Bevölkerung gesichert; die Berathungen haben in einer Regierungsvorlage einen festen Ausgangspunkt und sowohl den Beschlüssen der Kommission, als auch den Erklärungen der Bundesrathskommissare wohnt eine einflußreiche Bedeutung bei. Alles das würde bei der Einsetzung einer neuen vorbereitenden Kommission nicht zutreffen. Der feste Untergrund einer Regierungsvorlage könnte durch Direktiven, welche der Bundesrath der Kommission ertheilt, nur unvollkommen ersetzt werden. Die Thätigkeit der Kommission würde vorwiegend nur eine begutachtende sein, die etwa zu den Berathungen derselben abzuordnenden Regierungsvertreter würden daher ihre Hauptaufgabe darin erblicken müssen, gute Rathschläge entgegen zu nehmen und über den Werth derselben ihre Meinung zu äußern. Wenn auch geeignete Vorkehrungen getroffen würden, um bei den Verhandlungen der Kommission fortlaufend die Stimme des Volkes zu hören, so würden doch über dessen Wünsche Beschlüsse von maßgebender Bedeutung nicht gefaßt werden können. Das Gesammtergebniß könnte immer nur in der Aufstellung eines neuen Entwurfs bestehen, dessen etwaige Vorzüge gegenüber dem jetzigen nicht die geringste Gewähr dafür bieten würden, daß er keinen durchgreifenden Abänderungsvorschlägen begegnen und im Großen und Ganzen Gesetzeskraft erlangen wird. Eine wirksame Förderung des Gesetzgebungswerkes läßt sich eben nicht durch Ausarbeitung eines neuen Entwurfes, sondern nur dadurch erreichen, daß die verfassungsmäßige Beschlußfassung einer Reichstagskommission über die Gestaltung des zukünftigen Gesetzbuches herbeigeführt wird.

Das ist zweifellos mit sehr erheblichen Schwierigkeiten verbunden. Die Vorgänge bei Berathung der großen mit dem 1. October 1879 in Kraft getretenen sog. Reichsjustizgesetze berechtigen aber zu der sichern Erwartung, daß diese Schwierigkeiten zu überwinden sein werden. Damals wurde Ende des Jahres 1874 eine Reichstagskommission zur Vorberathung der Vorlagen der verbündeten Regierungen eingesetzt, welche es durch angestrengte Arbeit ermöglicht hat, daß Ende 1876, also nach Ablauf von zwei Jahren, die Gesetze in dritter Lesung endgültig festgestellt worden sind. Während der Berathung haben die verbündeten Regierungen ihren Einfluß nicht nur durch Entsendung von Kommissaren geltend gemacht, sondern es sind auch durch Vermittelung des Reichskanzlers zur zweiten Lesung Beschlüsse des Bundesraths vorgelegt, welche in mehr als 80 Punkten, theilweise recht erhebliche Aenderungen der Kommissionsvorschläge als erforderlich bezeichneten. Durch erneute Berathung wurde das erforderliche Einvernehmen angebahnt und, nachdem der Bundesrath sich nochmals geäußert hatte, die erwünschte Verständigung erzielt.

Falls der Einwand erhoben werden sollte, daß die damals zu überwindenden Schwierigkeiten mit denjenigen nicht verglichen werden können, welche sich bei der Berathung eines Allgemeinen Bürgerlichen Gesetzbuches ergeben müssen, würde eine kurze Rückerinnerung am Platze sein, welche tiefeinschneidenden Wirkungen der Reichsjustizgesetze mit Sicherheit erwartet werden mußten.

Daß die neue Organisation, welche das Gerichtsverfassungsgesetz vorsah, zu Verlegung und Aufhebung von Gerichtsbehörden führen und dadurch in die Gesammtlage vieler Gemeinden empfindlich eingreifen würde, konnte sich Niemand verhehlen. Ferner konnte es nicht zweifelhaft sein, daß viele Beamte ihrer Versetzung in den Ruhestand oder einer anderweiten „dem Interesse des Dienstes" entsprechenden Verwendung entgegensehen müßten. Die Einführung eines mündlichen Verfahrens im Civilproceß war für einen großen Theil des Deutschen Reichs ein Sprung in's Dunkle, über dessen Rathsamkeit und Ausführbarkeit die Ansichten weit auseinandergehen konnten und thatsächlich auch auseinandergingen. Neben den Rechtsuchenden, welche in Ansehung der Zweckmäßigkeit der zukünftigen Erledigung von Rechtsstreitigkeiten besorgt sein konnten, hatten namentlich auch die sämmtlichen Rechtsanwälte, welchen ein mündliches Civilproceßverfahren bis dahin fremd war, Grund für ihre Existenz zu fürchten. Bei der gesammten Gestaltung des Strafprozesses kamen außer juristischen, auch erhebliche politische Erwägungen in Betracht. Die Frage des sog. Anklagemonopols der Staatsanwaltschaft war zu ordnen. Die Vorschriften über die Stellung der Hilfsbeamten der Staatsanwaltschaft und über die gesammte Stellung der Polizei zu den mit Ausübung der Strafrechtspflege zu betrauenden Behörden, bedingten Eingriffe in die Verhältnisse der Einzelstaaten, bezw. eine Rücksichtnahme auf dieselben, welche vielleicht von manchen begeisterten Anhängern der Rechtseinheit als ein bedenkliches Opfer erachtet ist. Die Regelung der freien Advokatur und des Kostenwesens hatte neben den juristischen Fragen recht erhebliche wirthschaftliche Gesichtspunkte zu berücksichtigen. Bezüglich des weitgehenden Einflusses der Civilproceßordnung auf den Rechtsverkehr des täglichen Lebens wird es genügen, darauf hinzuweisen, daß die Ersetzung der Mehrzahl der früher geltenden Beweisregeln durch das Princip der freien Beweiswürdigung nicht nur für die Zukunft, sondern auch in Ansehung der vorher eingegangenen Rechtsgeschäfte die einschneidendsten Wirkungen haben mußte.

Wenn sich trotzdem bei dem großartigen Unternehmen des Erlasses der Reichsjustizgesetze der verfassungsmäßige Weg als geeignet erwiesen hat, alle entgegenstehenden, oben flüchtig angedeuteten Schwierigkeiten zu überwinden, so ist nicht abzusehen, warum dieser Weg für die Herstellung eines Allgemeinen Bürgerlichen Gesetzbuchs ungangbar sein sollte. Die jetzt zu bewältigende Aufgabe mag dem Umfange nach eine erheblich größere sein, der Art nach ist sie keine wesentlich andere. Dabei wird es nicht schwer sein, die von vielen Seiten befürchteten Schwierigkeiten erheblich herabzumindern, wenn daran festgehalten wird, daß die von den Verfassern in Aussicht genommene Ausscheidung von Rechtsmaterien in der richtigen Erkenntniß vorgeschlagen worden ist, daß dadurch das Zustandekommen des Gesetzbuchs erleichtert werde.

Die Frage, ob der gegenwärtige Entwurf geeignet ist, als Vorlage an den Reichstag zu dienen, wird selbstverständlich von Denjenigen verneint, welche den Entwurf wegen seiner gesammten Anlage und Tendenz oder mit Rücksicht auf die gerügte Unvollständigkeit von vornherein als unannehmbar erachten. Falls sich der Bundesrath derartigen Anschauungen anschließen sollte, so wäre die vollständige Beseitigung des Entwurfs als gesetzgeberische Vorarbeit unvermeidlich; es müßten zunächst die geeigneten Grundlagen für eine Kodifikation gesucht und daraufhin anderweite Vorschläge ausgearbeitet werden, bei deren Feststellung der gegenwärtige Entwurf kaum eine weitere Bedeutung haben könnte als irgend ein anderes den vorliegenden Gegenstand betreffendes rechtswissenschaft-Werk. Falls dagegen der Entwurf als Unterlage für die weitere Behandlung an sich als geeignet erachtet wird, so erhebt sich die weitere Frage, ob er so, wie er ist, benutzt werden kann, oder ob er vorerst einer Umarbeitung bezw. weiteren Lesungen unterworfen werden muß.

Diese Frage berührt es nicht, daß zur Zeit die verbündeten Regierungen den Entwurf bezüglich seiner Tauglichkeit als Vorlage einer Prüfung unterziehen. Unter der Voraussetzung, daß diese Prüfung im Ganzen zu einem günstigen Ergebniß führt, wird die Vornahme einzelner als nothwendig erkannter Aenderungen, Streichungen und Zusätze zweifellos ausführbar sein, ohne daß es der Einsetzung einer Kommission zum Zwecke völliger Umarbeitung bedarf. Den Intentionen der verbündeten Regierungen wird durch eine die Anlage des Ganzen aufrecht haltende Revision des Entwurfs genügt werden können. Eine solche muß aber schon deshalb veranlaßt werden, weil es nothwendig ist, anderweite handliche Motive auszuarbeiten, welche geeignet sind, einer Regierungsvorlage beigefügt zu werden. Dabei dürften sich zugleich die sämmtlichen Beanstandungen, welche angebliche Nichtübereinstimmung der gegenwärtig vorliegenden Motive mit den Vorschriften des Entwurfs zum Gegenstande haben, erledigen und damit eine Menge der erhobenen Einwände beseitigen lassen.

Die Entscheidung der Frage, ob eine Umarbeitung des Entwurfs von grundlegender Bedeutung unvermeidlich ist, wird wesentlich von der inhaltlichen Tragweite abhängen, welche den geltend gemachten Einwendungen beizumessen ist. Vorweg darf dabei nicht außer Acht gelassen werden, daß die Verfasser der ihnen gestellten Aufgabe entsprechend nur einen Entwurf ausgearbeitet haben, und daß auch eine Regierungsvorlage immer den Charakter eines Entwurfs behält. Demnach würde es eine unzutreffende Verschiebung der Frage sein, wenn dieselbe dahin gestellt würde, ob der gegenwärtige Entwurf geeignet sei, im Ganzen unverändert zum Gesetz erhoben zu werden, es handelt sich vielmehr darum, ob der Entwurf in dem Sinne die geeignete Grundlage für das zukünftige Gesetzbuch ist, daß die Ausführbarkeit der erforderlichen Aenderungen, ohne vorherige durchgreifende Umarbeitung, auf dem Wege verfassungsmäßiger Verhandlungen und Beschlußfassungen erwartet werden kann.

Gewichtige Stimmen haben sich dafür erhoben, daß das Gesetzbuch auf der Grundlage des Entwurfs herzustellen sei, in präciser unzweideutiger Weise sind dieselben dahin zusammengefaßt worden,

„daß der Entwurf zum Gesetz erhoben werden soll; am liebsten in verbesserter Gestalt, aber im Nothfalle auch ohne eine solche“. Direkt gegen das Unternehmen einer Umarbeitung des Entwurfs richtet sich die Ansicht, welche darin gipfelt, daß Jeder, der die Herstellung eines einheitlichen Rechts erstrebt, „in diesem Entwurf so gut die Grundlage zur Verständigung finden wird, als in irgend einem andern, den irgend welche Weisheit mit abermaligem Verlust von Jahren herstellen möchte“. Bei unbefangener Prüfung der vorliegenden Beurtheilungen wird man sich der Richtigkeit dieser Ansicht und zugleich der Ueberzeugung nicht verschließen können, daß der Versuch, einen anderweiten Entwurf herzustellen, voraussichtlich zu den gewünschten Erfolgen nicht führen würde.

In Ansehung verschiedener Punkte werden die Ergebnisse, zu welchen die Vorschläge des Entwurfs gelangen, zwar gebilligt, es wird aber mit mehr oder weniger Entschiedenheit eine Aenderung der juristischen Konstruktion verlangt. Derartige Meinungsverschiedenheiten zum Austrage zu bringen, muß allerdings vorwiegend Aufgabe der Fachjuristen bleiben, dieselben können aber zu einem entscheidenden Ergebniß erst dann gelangen, wenn der sachliche Inhalt, welchen die zu konstruirenden Rechtssätze haben sollen, festgestellt ist. Diese Feststellung muß unter thätiger Mitwirknng der Volksvertreter erfolgen; erst nachher kann die endgültige juristische Konstruktion unternommen werden, deren Vereinbarung zwar oft schwierig sein, aber das Maß der zur Verfügung stehenden juristischen Kräfte nicht übersteigen wird.

Zahlreich sind die Beanstandungen in der Richtung, daß zwar die Vorschläge des Entwurfs von dem seitens der Verfasser eingenommenen Standpunkt aus logisch und juristisch unanfechtbar seien, indessen zu Ergebnissen führten, welche sich für das Leben als unannehmbar herausstellten. Hierbei muß doch zunächst als unbedingt die Vorfrage entschieden werden, ob die Ergebnisse in der That unannehmbar sind, und eventuell welche Ergebnisse dem Leben und Rechtsgefühl des Volks entsprechen würden. Das wird nicht geschehen können, ohne die Stimme des Volks aus dem Munde seiner Vertreter zu hören. Nach Entscheidung der Vorfrage läßt sich, wie die Beurtheiler vielfach selbst hervorgehoben haben, durch Streichungen oder Zusätze, Abschwächung oder schärfere Fassung der vorgeschlagenen Bestimmungen, also ohne große Mühe, die erforderliche Abhilfe schaffen.

Vielfach sind einzelne Bestimmungen und ganze Lehren, sowohl dem Inhalt als der juristischen Konstruktion nach, bemängelt. Fast ausnahmslos haben sich auch Vertheidiger der bemängelten Vorschläge gefunden, selbst dem viel angefochtenen Satz: „Kauf bricht Miethe" fehlt es nicht an unbedingten und überzeugten Anhängern. Die Gegenvorschläge gehen soweit aus einander, als es nach dem vielgestaltigen, zur Zeit im Deutschen Reiche bestehenden Zustand des bürgerlichen Rechts nur irgend erwartet werden konnte. Ausdehnung des in einem einzelnen Gebiet Erprobten ist befürwortet und scharfsinnig begründet. Stärkeres Festhalten am römischen Recht, wie weitergehende Loslösung von demselben sind empfohlen. Neubildungen von Rechtsinstituten und Konstruktionen sind angeregt. Dabei tritt, von ganz vereinzelten Ausnahmen abgesehen, überall die Erscheinung hervor, daß die Annahme der positiven Aenderungs- und Verbesserungsvorschläge zwar vielfach als dringend wünschenswerth, nicht aber als unabweisliche Vorbedingung für das Zustandekommen des Ganzen bezeichnet ist. Beispielsweise ist auch die Berücksichtigung der gewiß beachtenswerthen, überzeugend begründeten Vorschläge des Vicepräsidenten des Reichsbankdirektoriums nur als wünschenswerth hingestellt.

Um die Ausführbarkeit der angeregten Aenderungen zu erweisen, ist vielfach der dankenswerthe Versuch gemacht, die Gegenvorschläge vollständig zu formuliren. Dabei hat sich gezeigt, daß nicht nur weitgehende Abänderungen der Vorschläge des Entwurfs, sondern auch Vorschläge, welche eine ganze Lehre auf theilweise abweichenden Grundlagen aufbauen, sehr wohl in den Rahmen des Entwurfs eingefügt werden können.

Hiernach scheint die Anschauung der Begründung nicht zu entbehren, daß der Entwurf eine geeignete Grundlage für das zukünftige Gesetzbuch ist, und daß schwerlich eine bessere Grundlage für ein solches hergestellt werden kann. Sollte in letzterer Richtung dennoch ein Versuch unternommen werden, so würden demselben nicht nur in der Mannigfaltigkeit der aufgetauchten Vorschläge, sondern namentlich dadurch kaum überwindliche Schwierigkeiten erwachsen, daß sich eine maßgebende Richtschnur für die zu treffende Auswahl überhaupt nicht auffinden läßt.

Aus volkswirthschaftlichen Kreisen ist auf die unbestreitbare Thatsache hingewiesen, daß der Handel im ganzen Gebiete des Deutschen Reichs zu verschiedenen Zeiten an verschiedenen Orten unter der Geltung der mannigfachsten ehelichen Güterrechte zu hoher Blüthe gelangt ist. Da das eheliche Güterrecht auf die Gestaltung des gesammten Rechtslebens von bedeutendem Einfluß ist, so berechtigt die angeführte Thatsache zu dem Schluß, daß an sich eine Anlehnung an jedes der in Deutschland zur Zeit geltenden Rechtssysteme statthaft ist, und daß keines derselben für den Verkehr und das Leben als unannehmbar zurückgewiesen werden kann. Danach erscheint es nicht erfindlich, wie eine neue Gesetzgebungskommission, und wenn sie noch so geschickt zusammengesetzt ist, zu einer Auswahl von Vorschlägen sollte gelangen können, die nicht auf Widerspruch von den verschiedensten Seiten stoßen müßten.

Ueber die Regelung des bürgerlichen Rechts kann nur, nach Erörterung aller Gesichtspunkte, durch Beschlußfassung der maßgebenden Faktoren der Gesetzgebung entschieden werden. Daß sich jede Regelung, die voraussichtlich zur endgültigen Annahme gelangen könnte, in den Rahmen des gegenwärtigen Entwurfs einfügen läßt, scheint nach dem Ergebniß der in den vorliegenden Beurtheilungen entfalteten Geistesarbeit begründeten Bedenken nicht zu unterliegen. Daraus wird aber weiter zu folgern sein, daß nichts entgegensteht, den Entwurf als Unterlage für die Herstellung des Gesetzbuchs zu verwenden.

Neuerdings ist in der Tagespresse aus dem Umstande, daß die Stimmen, welche ein Gesammturtheil über das Gesetzgebungswerk abgeben, seltener geworden sind, der Schluß gezogen, „daß die Erkenntniß, der Entwurf bilde eine brauchbare Unterlage für ein deutsches bürgerliches Recht, in immer weiteren Kreisen Wurzel gefaßt hat, und daß man es deshalb für überflüssig hält, derselben erneuten Ausdruck zu geben.“ Hoffentlich ist dieser Schluß zutreffend und dahin zu verstehen, daß der Entwurf so, wie er ist, ohne durchgreifende Aenderungen brauchbar erscheint, den Ausgangspunkt für die verfassungsmäßige Herstellung eines Gesetzbuchs zu bilden. Hierfür kann jedenfalls angeführt werden, daß die Besprechungen, zu welchen der Entwurf Anlaß gegeben hat, in ihrem Zusammenhange keinen Zweifel darüber lassen, daß der Entwurf bei näherer Bekanntschaft gewonnen hat. Tadel und Ablehnung sind gegenüber der Anerkennung unzweifelhafter Vorzüge mehr in den Hintergrund getreten. Die bekannt gewordenen diesjährigen Beschlüsse des Juristentages, welche in der vorstehenden Besprechung leider nicht mehr verwerthet werden konnten, sind dem Entwurf im Großen und Ganzen sehr günstig. Bedenken, welche anfänglich erhoben waren, werden, wie namentlich die bisher veröffentlichten Gutachten von Handelskammern zeigen, als solche nicht mehr anerkannt. Die Ansprüche, ein Ideal der Gesetzgebung zu schaffen, haben wohl nach und nach der Auffassung Platz gemacht, daß „nur die eine einzige nüchterne Erwägung zu entscheiden hat, was für das gesammte seines Rechtes harrende Volk die zweckmäßigste Art des Gesetzbuchs ist". Und damit geht Hand in Hand die Anschauung: „Die Hauptsache ist und bleibt doch, daß wir zu einem einigen Recht und daß wir rasch dazu gelangen."

Die angeregten Versuche, die Herstellung eines verbesserten Entwurfs zu unternehmen, würden unzweifelhaft zu einer jahrelangen Verzögerung führen, dagegen keine Gewähr bieten, daß das Gelingen des Werkes sachlich gefördert wird. Jeder neue Entwurf würde der Kritik und namentlich dem Einwande ausgesetzt sein, daß sich durch weitere Arbeit ein noch besserer Entwurf werde erzielen lassen. Der alte Satz, daß das Bessere der Feind des Guten ist, würde sich auch hier als zutreffend erweisen.

Die umfangreichste auf deutschem Boden erwachsene Kodifikation, das Preußische Landrecht, ist im Jahre 1794 in Kraft getreten. Die würdigste Centenarfeier dieses Ereignisses würde es sein, wenn das Allgemeine Deutsche Gesetzbuch wenigstens das Datum des Jahres 1894 tragen könnte, sollte auch das Inkrafttreten desselben weiter hinausgeschoben werden müssen.

FSC
www.fsc.org
MIX
Papier | Fördert gute Waldnutzung
FSC® C083411

Kolibri 360 GmbH
Ferdinand-Jühlke-Straße 7
99095 Erfurt, Deutschland
produktsicherheit@kolibri360.de